Goshka Macuga, *Intellectual Co-operation*

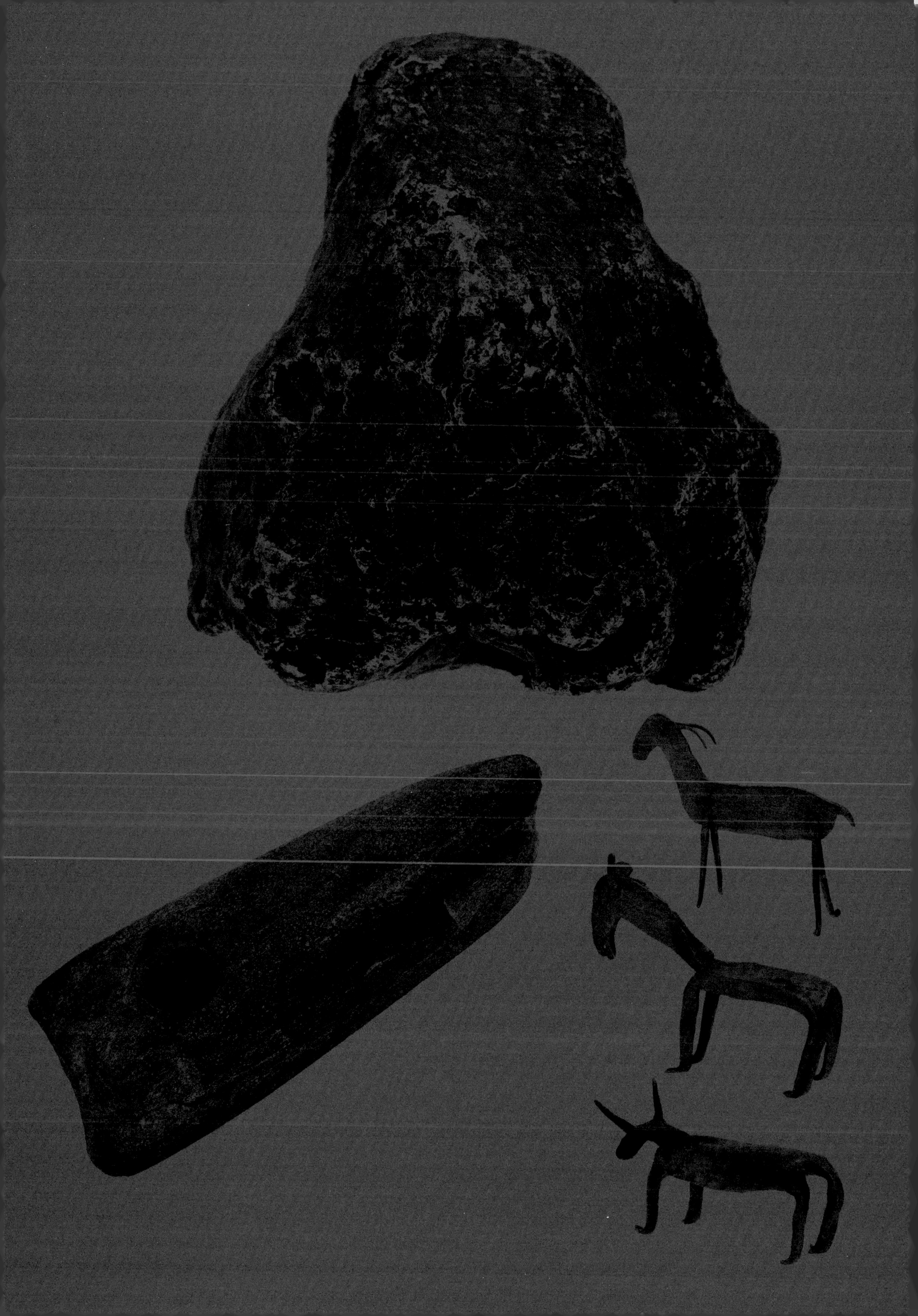

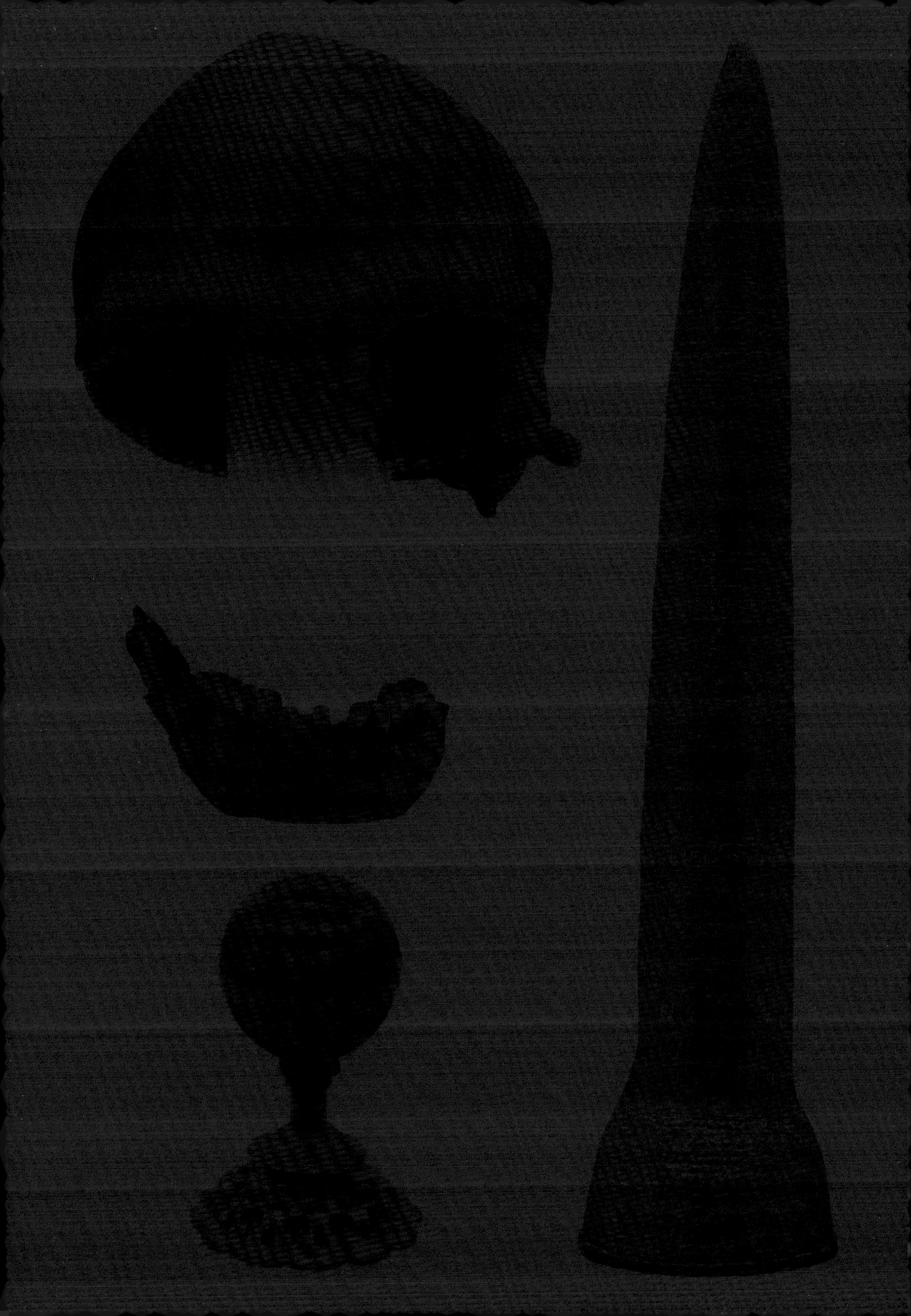

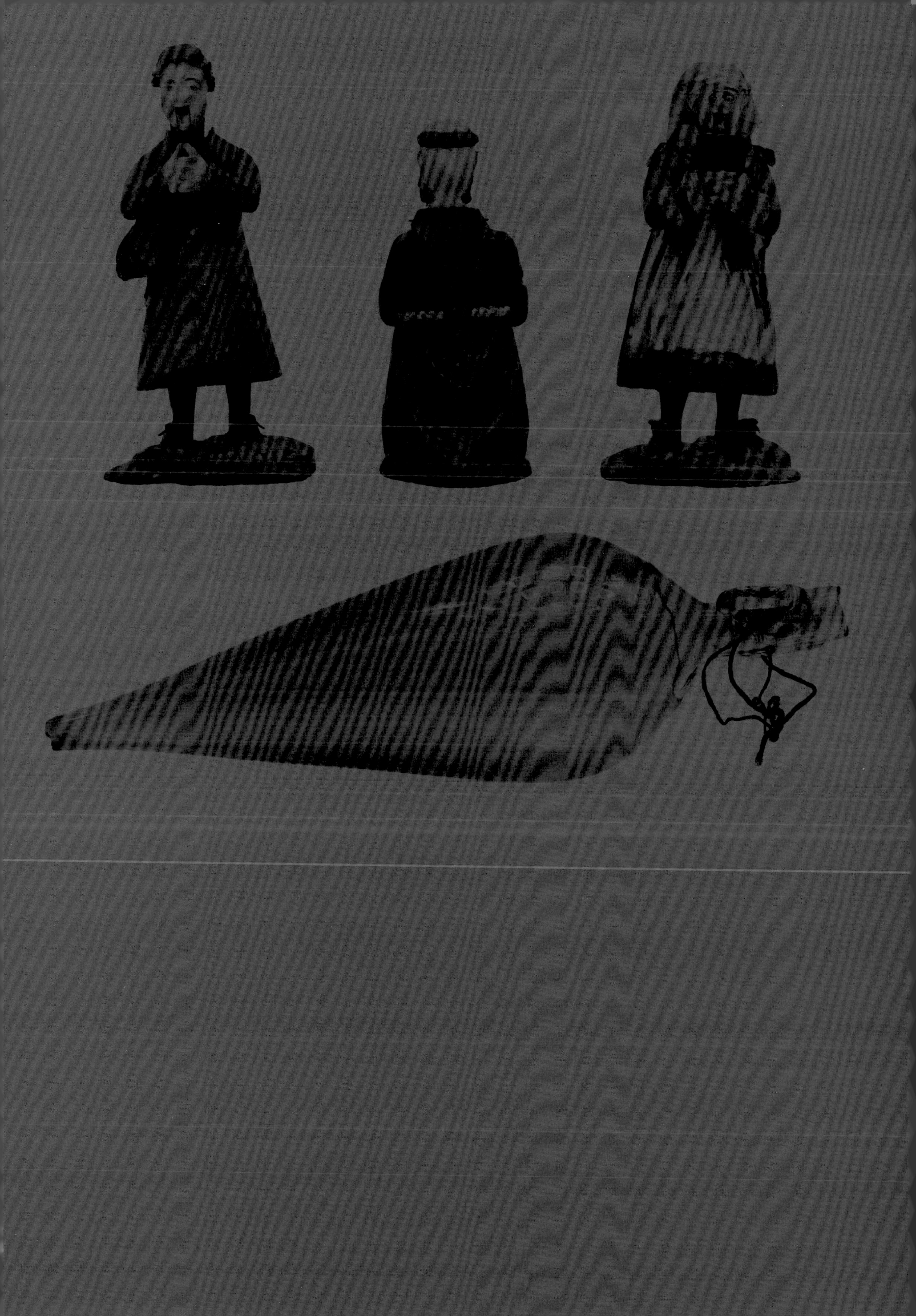

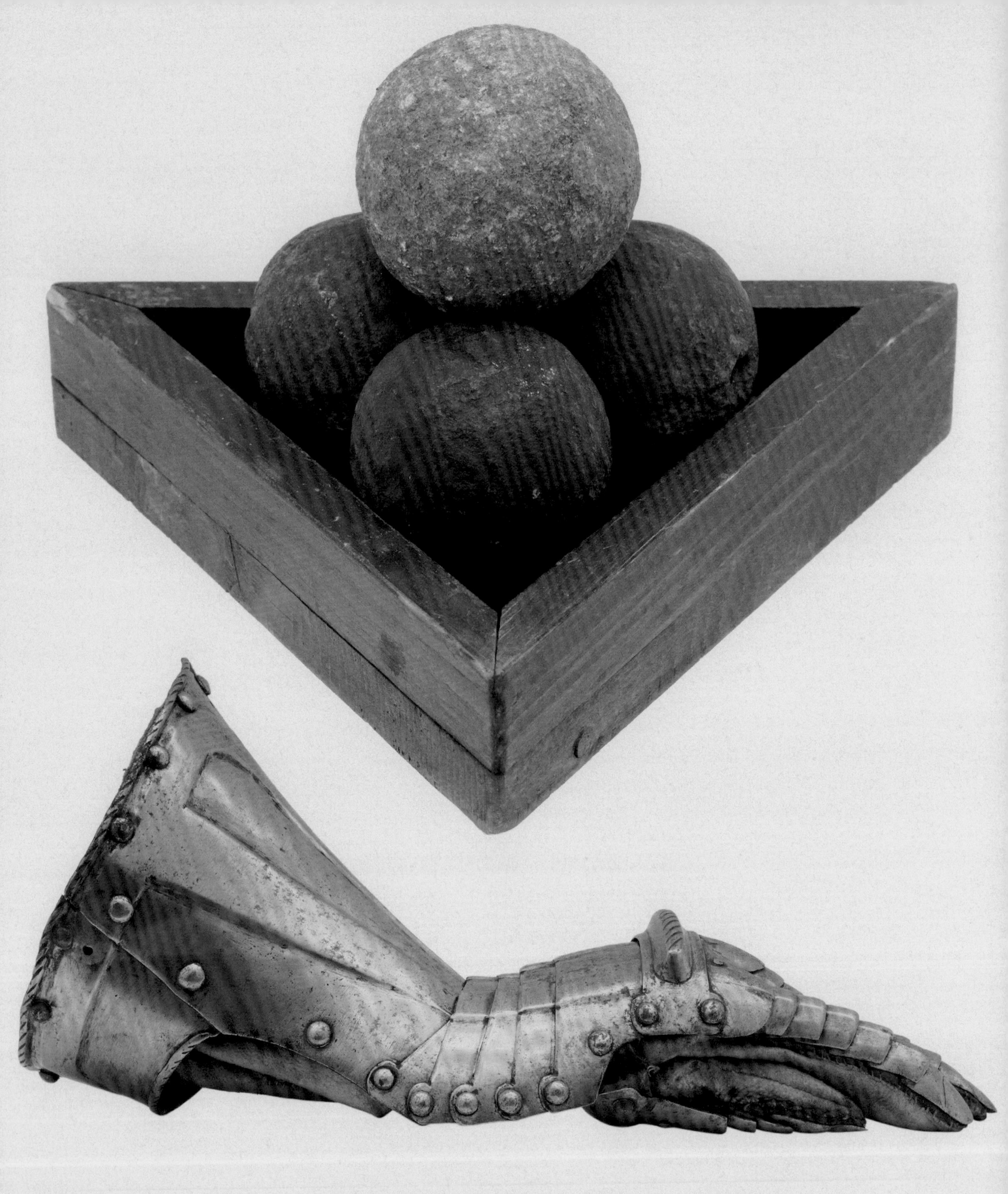

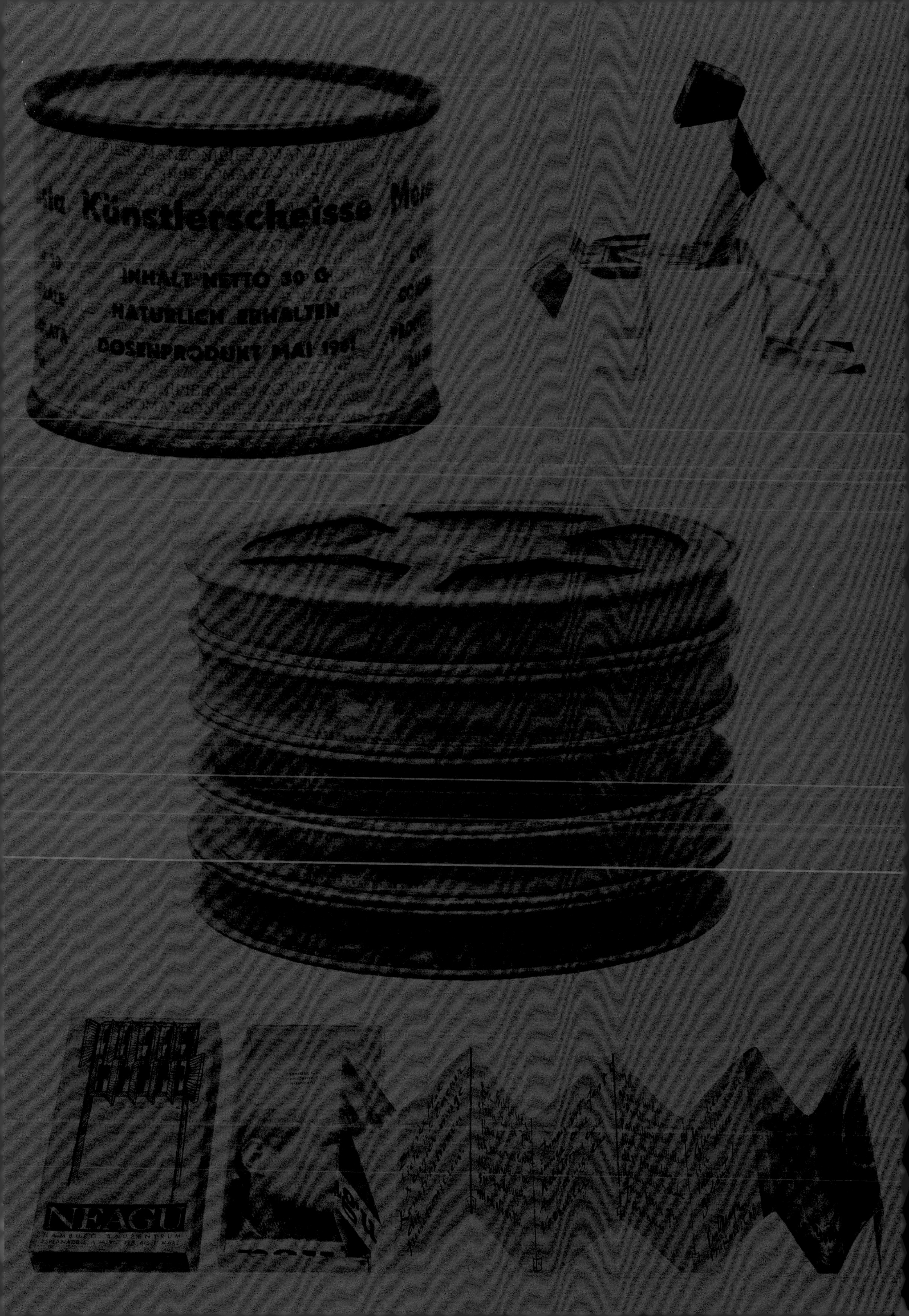
Künstlerscheisse
INHALT NETTO 30 G
NATÜRLICH ERHALTEN
DOSENPRODUKT MAI 1961
NEAGU

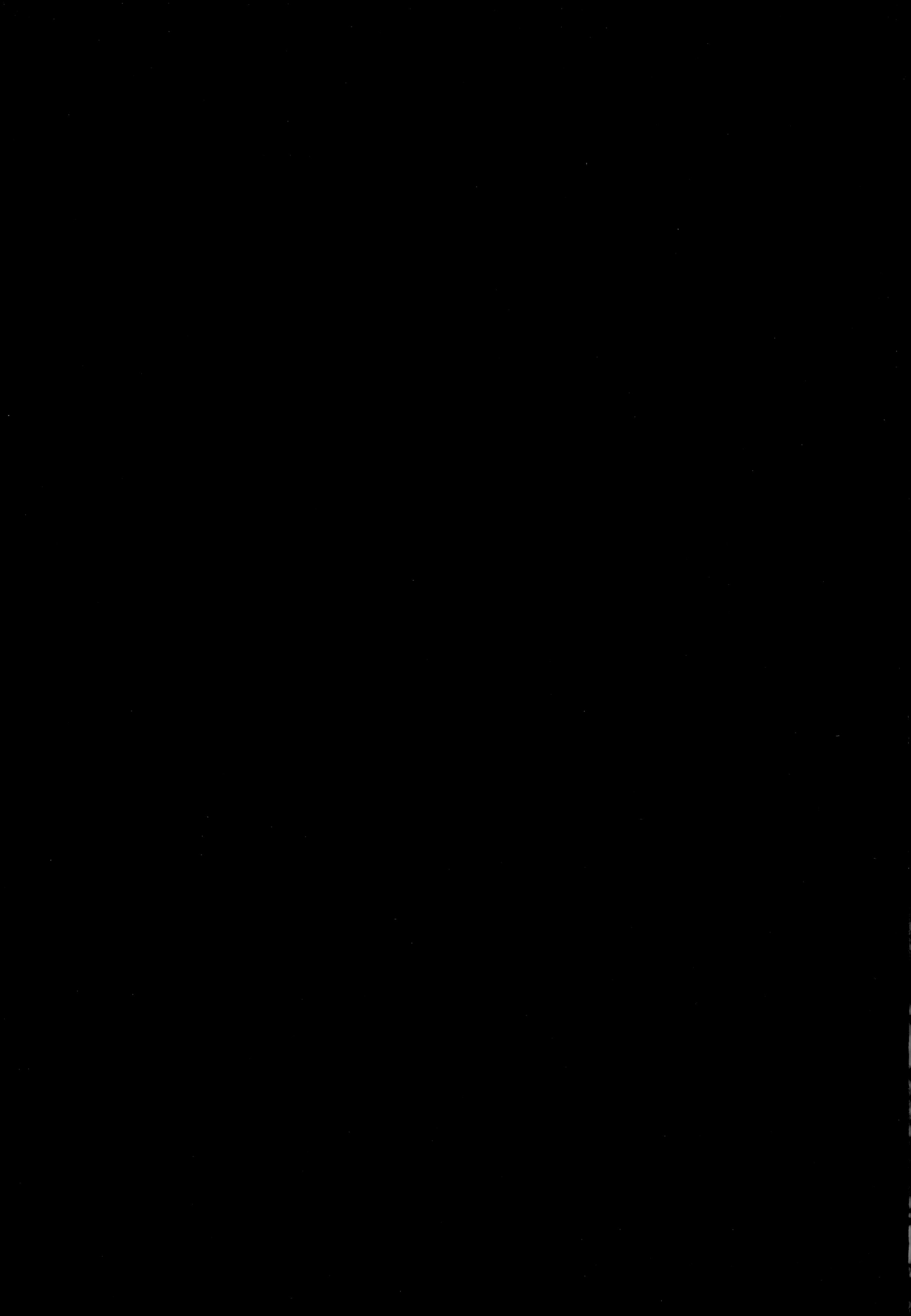

Goshka Macuga, *Intellectual Co-operation*

Koenig Books, London

Neues Museum – Staatliches Museum für Kunst und Design Nürnberg

Eva Kraus, *A Brief Introduction*

Eva Kraus, *Eine kurze Einführung*

In 1932 Albert Einstein wrote a letter to Sigmund Freud. The *International Institute of Intellectual Co-operation*, a supranational association existing at that time to promote intellectual cooperation in periods of political upheaval, had asked Einstein to invite a person of his choice to discuss a relevant topic. Freud, surprised at not being asked to participate in a meeting of minds on the 'borderland of the knowable,' a topic which might have linked a physicist and psychologist—as indicated in his subsequent response to this letter—is instead confronted with the existential question: "Is there any way of delivering mankind from the menace war?"

In the form of a facsimile, this letter is a key exhibit in Goshka Macuga's solo show at Neues Museum Nuremberg, shedding light on her artistic practice. Together with the appropriated exhibition title *Intellectual Co-operation* this letter sums up perhaps the most important quality of this versatile artist: she fosters cooperation and

```
Prof. Albert Einstein              Caputh b/Potsdam, 30.Juli 1932


Lieber Herr Freud !

          Ich bin glücklich darüber, dass ich durch
die Anregung des Völkerbundes und seines Internationalen In-
stituts für geistige Zusammenarbeit in Paris,in freiem Mei-
nungsaustausch mit einer Person meiner Wahl ein frei gewähl-
tes Problem zu erörtern, eine einzigartige Gelegenheit erhalte,
mich mit Ihnen über diejenige Frage zu unterhalten, die mir
beim gegenwärtigen Stande der Dinge als die wichtigste der
Zivilisation erscheint: Gibt es einen Weg, die Menschen von
dem Verhängnis des Krieges zu befreien ? Die Einsicht, dass
diese Frage durch die Fortschritte der Technik zu einer Exis-
tenzfrage für die zivilisierte Menschheit geworden ist, ist
ziemlich allgemein durchgedrungen, und trotzdem sind die heis-
sen Bemühungen um ihre Lösung bisher in erschreckendem Maße
gescheitert.

          Ich glaube, dass auch unter den mit diesem
Problem praktisch und beruflich beschäftigten Menschen aus
einem gewissen Gefühl der Ohnmacht heraus der Wunsch leben-
dig ist, Personen um ihre Auffassung des Problems zu befra-
gen, die durch ihre gewohnte wissenschaftliche Tätigkeit zu
allen Fragen des Lebens eine weitgehende Distanz gewonnen
haben. Was mich selber betrifft, so liefert mir die gewohnte
Richtung meines Denkens keine Einblicke in die Tiefen des
menschlichen Wollens und Fühlens, so dass ich bei dem hier
versuchten Meinungsaustausch nicht viel mehr tun kann, als
versuchen, die Fragestellung herauszuarbeiten und durch
```

stimulates both hypothetical and real discussion. The intellectual exchange between people and institutions—in our case with the Germanisches Nationalmuseum—is part of the continual transfer that gives rise to new ways of thinking and unexpected perspectives. Her unusual themes and varying formal approaches offer viewers a means of reevaluating both history itself and their own relationship with past, present and future.

In the Nuremberg version of *Before the Beginning and After the End* (with Patrick Tresset, 2016/18) Goshka Macuga combines artifacts from the Germanisches Nationalmuseum collection—relics from protohistory, milestones of the Enlightenment, scientific instruments or even objects from folkloric art—with ephemera from her own collection, archive documents from the Institut für moderne Kunst (Institute of Modern Art) and individual works from the Neues Museum Nuremberg. These three-dimensional exhibits—iconic items as well as mere remnants—are placed

1932 schreibt Albert Einstein an Sigmund Freud einen Brief. Durch das *International Institute of Intellectual Co-operation*, einem damals existierenden supranationalen Verband, der in Zeiten politischer Umbrüche die geistige Zusammenarbeit fördern will, wird Einstein gebeten, mit einer Person seiner Wahl ein relevantes Thema zu erörtern. Freud, erstaunt darüber, nicht zu einem Meinungsaustausch über die ‚Grenzbereiche des Vorstellbaren‘ aufgefordert worden zu sein, das einen Physiker und einen Psychologen hätte verbinden können, wird mit der existenziellen Frage konfrontiert: „Gibt es einen Weg, die Menschen von dem Verhängnis des Krieges zu befreien?“

Dieser Brief ist in Form eines Faksimiles ein zentrales Exponat in Goshka Macugas Werkschau im Neuen Museum Nürnberg, das ihre künstlerische Praxis nachvollziehbar macht. Zusammen mit dem appropriierten Ausstellungstitel *Intellectual Co-operation* beinhaltet er die vielleicht wichtigste Eigenschaft dieser

- 2 -

Vorwegnahme der mehr äusserlichen Lösungsversuche Ihnen Gelegenheit zu geben, die Frage vom Standpunkte Ihrer vertieften Kenntnis des menschlichen Trieblebens aus zu beleuchten. Ich vertraue darauf, dass Sie auf Wege der Erziehung werden hinweisen können, die auf einem gewissermaßen unpolitischen Wege psychologische Hindernisse zu beseitigen imstande sind, welche der psychologisch Ungeübte wohl ahnt, deren Zusammenhänge und Wandelbarkeit er aber nicht zu beurteilen vermag.

Weil ich selber ein von Affekten nationaler Natur freier Mensch bin, erscheint mir die äussere bezw. organisatorische Seite des Problems einfach: Die Staaten schaffen eine legislative und gerichtliche Behörde zur Schlichtung aller zwischen ihnen entstehenden Konflikte. Sie verpflichten sich, sich den von der legislativen Behörde aufgestellten Gesetzen zu unterwerfen, das Gericht in allem Streitfällen anzurufen, sich seinen Entscheidungen bedingungslos zu beugen, sowie alle diejenigen Maßnahmen durchzuführen, welche das Gericht für die Realisierung seiner Entscheidungen für notwendig erachtet. Hier schon stosse ich auf die erste Schwierigkeit: Ein Gericht ist eine menschliche Einrichtung, die umsomehr geneigt sein dürfte, ihre Entscheidungen ausserrechtlichen Einflüssen zugänglich zu machen, je weniger Macht ihr zur Verfügung steht, ihre Entscheidungen durchzusetzen. Es ist eine Tatsache, mit der man rechnen muss: Recht und Macht sind unzertrennlich verbunden, und die Sprüche eines Rechtsorgans nähern sich umsomehr dem Gerechtigkeitsideal der Gemeinschaft, in deren Namen und Interesse Recht

vielseitigen Künstlerin: Sie stiftet Kooperationen und regt zu hypothetischen wie auch tatsächlichen Gesprächen an. Der geistige Austausch zwischen Personen oder Institutionen – in unserem Fall mit dem Germanischen Nationalmuseum – ist Teil des kontinuierlichen Transfers, aus dem neue Denkweisen und ungeahnte Perspektiven entstehen. Ihre außergewöhnlichen Themen und formal variierenden Umsetzungen fungieren dabei für den Betrachter als Angebot zur Re-Evaluierung von Geschichte sowie seiner eigenen Relation zum Gestern, Heute und Morgen.

In der Nürnberger Version von *Before the Beginning and After the End* (mit Patrick Tresset, 2016/18) kombiniert Goshka Macuga Artefakte aus der Sammlung des Germanischen Nationalmuseums – Relikte aus der Frühzeit, Meilensteine der Aufklärung, wissenschaftliche Instrumente oder Objekte der Volkskunde – mit Ephemera aus ihrer eigenen Sammlung, Archivalien des Instituts für moderne

here and there on top of "scrolls", lengths of paper web stretched on long printing tables and covered with line drawings. This presentation on conveyor belts refers symbolically to an ever-changing evolution always arranged in cycles. The medium of the paper webs echoes the store of knowledge contained in (Old Testament) papyrus scrolls. With hundreds of illustrations from our collective (western) pictorial memory, and as a nod to the great art historian Aby Warburg's unfinished *Mnemosyne Atlas*, the artist achieves an associative panorama of history in encyclopedic form.

The artistic narrative on the first scroll ranges from the *Beginnings* and the *Big Bang* to a rendition of Charles Darwin's famous drawing of Homo sapiens—alongside the alternatively presented first man and woman Adam and Eve—through to Noah's Ark. The second scroll deals with *Humanity's Awakening*, with Leonardo da Vinci's Vitruvian Man, with humanism, faith and superstition. The third scroll deals with

— 3 —

gesprochen wird, je mehr Machtmittel diese Gemeinschaft auf-
bieten kann, um die Respektierung ihres Gerechtigkeitsideals
zu erzwingen. Wir sind aber zurzeit weit davon entfernt,
eine überstaatliche Organisation zu besitzen, die ihrem
Gericht unbestreitbare Autorität zu verleihen und der Exe-
kution seiner Erkenntnisse absoluten Gehorsam zu erzwingen
imstande wäre. So drängt sich mir die erste Feststellung
auf: Der Weg zur internationalen Sicherheit führt über den
bedingungslosen Verzicht der Staaten auf einen Teil ihrer
Handlungsfreiheit bezw. Souveränität, und es dürfte unbe-
zweifelbar sein, dass es einen andern Weg zu dieser Sicherheit nicht gibt.

Ein Blick auf die Erfolglosigkeit der zwei-
fellos ernst gemeinten Bemühungen der letzten Jahrzehnte,
dieses Ziel zu erreichen, lässt jeden deutlich fühlen, dass
mächtige psychologische Kräfte am Werke sind, die diese Bemühungen paralysieren. Einige dieser Kräfte liegen offen
zutage. Das Machtbedürfnis der jeweils herrschenden Schicht
eines Staates widersetzt sich einer Einschränkung der Ho-
heitsrechte desselben. Dieses "politische Machtbedürfnis"
wird häufig genährt aus einem materiell ökonomisch sich
äussernden Machtstreben einer andern Schicht. Ich denke
hier vornehmlich an die innerhalb jedes Volkes vorhandene
kleine, aber entschlossene, sozialen Erwägungen und Hemmun-
gen unzugängliche Gruppe jener Menschen, denen Krieg, Waffen-
herstellung und Handel nichts als eine Gelegenheit sind, persönliche Vorteile zu ziehen, den persönlichen Machtbereich

the theme of *Transhumanism*, telling of automation and progress, continual self-improvement as well as the dream of humanity to emulate God and be created in his image (with the example of Frankenstein's monster). Devoted to the self-destruction of humanity, the fourth scroll features portraits of Stalin and Osama Bin Laden along with a depiction of a mushroom cloud and a model of decoded DNA—in addition to a facsimile of Einstein's letter mentioned at the start of this essay. On the fifth scroll an over-stylized and destructive culture and its almost inevitable self-made demise (*Destructive Nature of Humankind*) is followed by illustrations on the topic of *Artist's Systems*: conceptual endpoints and artist myths of the 20th century like Marcel Duchamp's *Green Box* (his life's work reproduced *en miniature*), Joseph Beuys' *The Silence* or Piero Manzoni's *Artist's Shit*—before extinction approaches and humanity is replaced by other forces.

Kunst und einzelnen Werken des Neuen Museums. Diese dreidimensionalen Exponate – Ikonen wie auch schlichte Hinterlassenschaften – überlagern punktuell lange, sogenannte Scrolls, die auf großen Druckereitischen ausgelegt und von linearen Zeichnungen übersät sind. Die Präsentation auf Förderbändern verweist symbolisch auf eine sich stets in Veränderung befindende Evolution, die immer zyklisch angelegt ist. Das Medium der Papierbahnen spiegelt dabei den Wissensspeicher der (alttestamentlichen) Papyrusrolle wider. Mit den Hunderten von Abbildungen unseres kollektiven (westlichen) Bildgedächtnisses gelingt der Künstlerin, ähnlich dem vom großen Kunstwissenschaftler Aby Warburg unvollendet hinterlassenen *Mnemosyne*-Bilderatlas, ein assoziatives Geschichtspanorama enzyklopädischen Formats.

Die künstlerische Narration reicht auf dem ersten Scroll von den „Anfängen" (*Beginnings*), vom „Big Bang" (dem Urknall) über die berühmte Zeichnung des Homo

– 4 –

zu erweitern.

Diese einfache Feststellung bedeutet aber nur einen ersten Schritt in der Erkenntnis der Zusammenhänge. Es erhebt sich sofort die Frage: Wie ist es möglich, dass die soeben genannte Minderheit die Masse des Volkes ihren Gelüsten dienstbar machen kann, die doch einen Krieg nur zu leiden und zu verlieren hat. (Wenn ich von der Masse des Volkes spreche, so schliesse ich aus ihr diejenigen nicht aus, die als Soldaten aller Grade den Krieg zum Beruf gemacht haben, in der Ueberzeugung, dass sie der Verteidigung der höchsten Güter ihres Volkes dienen, und dass manchmal die beste Verteidigung der Angriff ist.) Hier scheint die nächstliegende Antwort zu sein: Die Minderheit der jeweils Herrschenden hat vor allem die Schule, die Presse und meistens auch die religiösen Organisationen in ihrer Hand. Durch diese Mittel beherrscht und leitet sie die Gefühle der grossen Masse und macht diese zu ihrem willenlosen Werkzeuge.

Aber auch diese Antwort erschöpft nicht den ganzen Zusammenhang, denn es erhebt sich die Frage: Wie ist es möglich, dass sich die Masse durch die genannten Mittel bis zur Raserei und Selbstaufopferung entflammen lässt ? Die Antwort kann nur sein: Im Menschen lebt ein Bedürfnis zu hassen und zu vernichten. Diese Anlage ist in gewöhnlichen Zeiten latent vorhanden und tritt dann nur beim Abnormalen zutage; sie kann aber verhältnismässig leicht geweckt und zur Massenpsychose gesteigert werden.

sapiens (frei nach Charles Darwin) – alternativ dazu dargestellt das Urpaar Adam und Eva – bis hin zur Arche Noah. Der zweite Scroll handelt vom „Erwachen der Menschheit" (*Humanity's Awakening*), vom vitruvianischen Menschen nach Leonardo da Vinci, vom Humanismus, dem Glauben und Aberglauben. Von der Automatisierung und dem Fortschritt, der kontinuierlichen Selbstoptimierung wie auch dem Wunschtraum des Menschen, es Gott gleichzutun und sein Ebenbild zu erschaffen (am Beispiel von Frankensteins Monster), erzählt der dritte Scroll mit dem Thema des „Transhumanismus" (*Transhumanism*). Der vierte Scroll, der der Selbstdestruktion des Menschen gewidmet ist – mit einem Porträt von Stalin oder von Osama Bin Laden sowie der Abbildung eines Atompilzes oder einem Modell der entschlüsselten DNA –, beinhaltet dann auch im Faksimile den eingangs zitierten Brief Einsteins.

 Aus einer überstilisierten und zerstörerischen Kultur und dem daraus fast logisch

With this artistic interpretation Goshka Macuga formulates an alternative telling of the history of humanity which, in the juxtaposition of the motifs of our collective memory and the simultaneity of presentation and objects, allows ever new links between linear narrative strands to emerge. In her fictional narrative all this is gazed back upon from the future when—if not we ourselves—then an artificial intelligence, possibly extra-terrestrial beings, will attempt to analyze the human species. In this visit of hers, then, she views the world through post-humanist spectacles, conjures up an ironic end-of-time scenario and even calls it programmatic: "I am interested in how the past connects with the present and how we shape the future from this." Thus, rather than her, it is data-processing robots that have taken original images from our cultural history to create sketchily drawn motifs. Two of these robots now finalize the last, sixth scroll *Post Singularity* during the exhibition.

- 5 -

Hier scheint das tiefste Problem des ganzen verhängnisvollen Wirkungskomplexes zu stecken. Hier ist die Stelle, die nur der grosse Kenner der menschlichen Triebe beleuchten kann.

Dies führt auf eine letzte Frage: Gibt es eine Möglichkeit, die psychische Entwicklung der Menschen so zu leiten, dass sie den Psychosen des Hasses und des Vernichtens gegenüber widerstandsfähiger wird ? Ich denke dabei keineswegs nur an die sogenannten Ungebildeten. Nach meinen Lebenserfahrungen ist es vielmehr gerade die sogenannte "Intelligenz", welche den verhängnisvollen Massensuggestionen am leichtesten unterliegt, weil sie nicht unmittelbar aus dem Erleben zu schöpfen pflegt, sondern auf dem Wege über das bedruckte Papier am bequemsten und vollständigsten zu erfassen ist.

Zum Schluss noch eins: Ich habe bisher nur vom Krieg zwischen Staaten, also von sogenannten internationalen Konflikten gesprochen. Ich bin mir dessen bewusst, dass die menschliche Aggressivität sich auch in anderen Formen und unter anderen Bedingungen betätigt (z.B. Bürgerkrieg, früher ausreligiösen, heute aus sozialen Ursachen heraus, Verfolgung von nationalen Minderheiten). Ich habe aber bewusst die repräsentativste und unheilvollste, weil zügelloseste Form des Konfliktes unter menschlichen Gemeinschaften hervorgehoben, weil sich an ihr vielleicht am ehesten demonstrieren lässt, wie sich kriegerische Konflikte vermeiden liessen.

Ich weiss, dass Sie in Ihren Schriften auf alle

They are overloaded with vast amounts of information (about their own artificial intelligence). On behalf of their implemented operating system they continue to work, despite this overload, so as to complete the visualization of their own capitulation and with these chaotic, uncoordinated vector graphs they paint a delightful picture of their and our apocalyptic future.

This spatial installation is flanked by the sculpture group *International Institute of Intellectual Co-operation* (2015) for which the artistic inspiration was again drawn from epoch-straddling and interdisciplinary research. Here Goshka Macuga imagines a network of intellectual exchange that spans time and space, inspired by the historical institution of the same name. In the sculptural translation, roughly cast but easily discernable bronze heads of great male and female scientists, philosophers and artists, both contemporary and historical, are joined together by poles into molecular structures.

sich ergebenden selbstgemachten Abgang (*Destructive Nature of Humankind*) folgen Abbildungen zum Thema „künstlerische Systeme" (*Artist's Systems*) auf dem fünften Scroll: konzeptuelle Endpunkte und Künstlermythen des 20. Jahrhunderts wie Marcel Duchamps *Grüne Schachtel* – sein Lebenswerk als Reproduktion en miniature –, Joseph Beuys' *Das Schweigen* oder aber Piero Manzonis *Künstlerscheiße*, bevor die Auslöschung naht und die Menschheit von anderen Kräften abgelöst wird.

Mit dieser künstlerischen Interpretation formuliert Goshka Macuga eine alternative Erzählung der Menschheitsgeschichte, die durch die Parallelität der Motive unseres kollektiven Gedächtnisses und die Gleichzeitigkeit von Darstellungen und Objekten immer neue Verknüpfungen linearer Erzählstränge entstehen lässt. In ihrer fiktiven Narration wird aus der Zukunft zurückgeblickt, wenn nicht mehr wir, sondern eine künstliche Intelligenz oder andere, möglicherweise außerirdische

– 6 –

mit dem uns interessierenden, drängenden Problem zusammen-
hängenden Fragen teils direkt, teils indirekt geantwortet
haben. Es wird aber von grossem Nutzen sein, wenn Sie das
Problem der Befriedung der Welt im Lichte Ihrer neuen Erkenntnisse besonders darstellen, da von einer solchen Darstellung fruchtbare Bemühungen ausgehen können.

Freundlichst grüsst Sie Ihr

A. Einstein.

Wesen versuchen werden, die Spezies Mensch zu analysieren. So betrachtet sie bei ihrer Visite die Welt durch eine posthumane Brille, beschwört ein ironisches Endzeitszenario und benennt es selbst programmatisch: „Mich interessiert, wie die Vergangenheit mit der Gegenwart zusammenhängt, und wie wir daraus die Zukunft gestalten." Nicht sie selbst, sondern Daten verarbeitende Roboter haben aus Bildvorlagen unserer Kulturgeschichte in Strichlinien umgesetzte Motive angefertigt. Zwei dieser Roboter finalisieren nun den letzten, sechsten Scroll (*Post Singularity*) während der Ausstellung. Mit Unmengen von Informationen (über ihre eigene, künstliche Intelligenz) sind sie überfüttert. Im Auftrag ihres implementierten Betriebssystems arbeiten sie trotz Überforderung weiter an der Visualisierung ihrer eigenen Kapitulation und zeichnen mit diesen chaotischen, unkoordinierten Vektorgrafiken ein köstliches Bild ihrer und unserer apokalyptischen Zukunft.

The rods symbolize hypothetical discussions between these great scholars on the beginnings and possible endings of our human existence. Installed at the Germanisches Nationalmuseum is *Configuration 5, Beginning* and there, at the end of the museum tour, it hones in again on the theme raised at the outset: in a star-shaped exploding structure with ten heads, an imaginary discussion on the creation of the cosmos or the origin of all existence. Connected here are the pre-Socratic philosopher Anaximander, the first man in space, Yuri Gagarin, as well as the recently deceased great astrophysicist of our day Stephen Hawking. The installation is located in the atrium in front of the Carthusian Church, where the context of Christian saintly statues transforms this secular or astronomical discourse into a *sacra conversazione*. Meeting in *Configuration 1, End of History* are four contemporaries—the artist and activist groups Pussy Riot and Guerilla Girls alongside culture critic Slavoj Žižek and political scientist Francis Fukuyama who are both linked by a journalistic interest in the "end" and post-humanist theses. Given the presence of these female heads the ideas exchanged in this pyramid-like structure might just as easily relate to topical gender issues, racism and sexism, as they do to a critique of institutions or capitalism. Some of the heads in *International Institute of Intellectual Co-operation* are out of place and some end points are consciously left "bare"—so as to indicate the possibility of a flexible, dynamic reconfiguration and to perhaps visualize that history is constantly being re-written.

All Goshka Macuga's works are narrative collages based on historical references that she translates into topically relevant discourses. This is particularly evident in her tapestry series where photographic elements form into large black and white panoramas. Goshka Macuga utilizes the classic medium of the tapestry, originally used by those in power for propaganda purposes, to weave contemporary themes into her work. *Death of Marxism. Women of All Lands Unite* (2013) reinterprets the famous inscription "Workers of all Lands Unite" featured on the London grave of a grim-looking Karl Marx. A risqué happening is staged on the grass in front of this. Some of the naked and clothed women depicted here hail from the imagery of the Czech voyeuristic photographer Jaroslav Tichý, whose extensive legacy is worked into the carpet and other paper collages. In this work the artist counters the dominance of the male viewpoint with a self-confident manifesto long before the #MeToo movement.

The recently created work *Make Tofu Not War* (2018), on display for the first time at Neues Museum Nuremberg, once again captures the artist's wonderful sense of humor. This humor is already apparent in the quote attributed to Benjamin Franklin that reads "Democracy must be more than two wolves and a sheep voting on what is for dinner." This slogan is emblazoned across a placard next to one of the three figures depicted here who sit in animal costumes in a dystopian landscape protesting with banners for change. Here Goshka Macuga presents an update on George Orwell's novel *Animal Farm,* the tale of one evil regime replaced by another that is even worse. By using the 3D effect, a rapidly outdated technology which has long since been replaced by virtual reality, the artist illustrates the swift change occurring even with the most promising systems—a topic she repeatedly alludes to in a political sense.

In the exhibition visitors suddenly encounter a sculptural rendition of *Madame Blavatsky*, the esoteric spiritualist, occultist and founder of the Theosophical Society presented in a floating state, as well as the *Somnambulist*—caught between a state of presence and absence. These early works dating from 2006 serve as indicators of the artist's passionate research into speculative, unverified scientific fields.

Diese raumgreifende Installation wird von der 2015 entstandenen Skulpturengruppe *International Institute of Intellectual Co-operation* flankiert, bei der sich die künstlerische Inspiration wiederum aus epochenübergreifenden und interdisziplinären Recherchen speist. Goshka Macuga imaginiert darin ein über Zeit und Raum hinwegreichendes Netzwerk geistigen Austauschs, das in gedanklicher Verbindung mit der gleichnamigen, historischen Einrichtung steht. In der plastischen Umsetzung wurden skizzenhaft gestaltete Bronzeköpfe großer männlicher und weiblicher, zeitgenössischer wie auch historischer Wissenschaftler, Philosophen und Künstler an Stangen in molekularen Strukturen miteinander in Verbindung gesetzt. Die Stäbe symbolisieren hypothetische Gespräche zwischen den großen Gelehrten über die Anfänge und die möglichen Enden unserer menschlichen Existenz. Im Germanischen Nationalmuseum ist die *Configuration 5, Beginning* installiert und es formiert sich dort, am Schluss des Rundgangs, wieder das Thema des Anfangs: in einer sternförmig explodierenden Struktur mit zehn Köpfen eine denkbare Diskussion über die Entstehung des Kosmos oder den Ursprung allen Seins. Der vorsokratische Anaximander steht hier in Verbindung mit dem ersten Menschen im All, Juri Gagarin, sowie Stephen Hawking, dem kürzlich verstorbenen großen Astrophysiker unserer Zeit. Die Installation befindet sich im Lichthof vor der Kartäuserkirche, wo im Kontext christlicher Heiligenstatuen der weltliche beziehungsweise astronomische Diskurs in eine Sacra Conversazione verwandelt wird. In *Configuration 1, End of History* begegnen sich vier Zeitgenossen – die Künstler- und Aktivistinnengruppen Pussy Riot und Guerilla Girls treffen auf den Kulturkritiker Slavoj Žižek und den Politikwissenschaftler Francis Fukuyama, die publizistische Tätigkeiten zum Thema „Ende" und posthumanistische Thesen verbinden. Der Austausch in der pyramidenartigen Struktur könnte sich durch die anwesenden Damenköpfe aktuellen Genderthemen, Rassismus und Sexismus wie auch institutions- oder kapitalismuskritischen Fragen widmen. Einige Köpfe im *International Institute of Intellectual Co-operation* fallen heraus, einige Endpunkte der Stangen sind bewusst „unbesetzt" gehalten – um die Möglichkeit einer flexiblen, dynamischen Rekonfiguration anzudeuten und vielleicht um zu visualisieren, dass Geschichte ständig im Begriff ist umgeschrieben zu werden.

Sämtliche Arbeiten Goshka Macugas sind narrative, auf historischen Referenzen basierende Collagen, die sie in aktuell relevante Diskurse übersetzt. Insbesondere zeigt sich dies in ihrer Werkreihe der Tapisserien, bei denen fotografische Versatzstücke in großen, schwarz-weiß gehaltenen Panoramen zusammenfinden. Sie verwendet das klassische Medium des Wandteppichs, welches in seiner originären Funktion von Repräsentanten der Macht als mobiles Bild für Propagandazwecke genutzt wurde, um darin zeitgenössische Themen zu verweben. In *Death of Marxism, Women of All Lands Unite* (2013) wird die berühmte Inschrift „Workers of all lands unite" auf dem Londoner Grabmal des finster dreinblickenden Karl Marx umgedeutet in *Frauen aller Länder vereinigt euch.* Auf der Wiese davor findet ein laszives Happening statt. Einige der mehr oder weniger bekleideten Frauen entstammen der Bildwelt des tschechischen voyeuristischen Fotografen Miroslav Tichý, dessen umfangreicher Nachlass in dem Teppich und in weiteren Papiercollagen verarbeitet wird. Es ist die Dominanz des männlichen Blicks, dem die Künstlerin mit diesem Werk noch vor der Zeit der #MeToo-Bewegung ein selbstbewusstes Manifest entgegensetzt.

In der kürzlich entstandenen Arbeit *Make Tofu Not War* (2018), erstmals im Neuen Museum vorgestellt, besticht wieder einmal der wunderbare Humor der Künstlerin. Allein schon der Benjamin Franklin zugeschriebene Spruch „Democracy

The exhibition also features *Mirrors* and a new composition created especially for Neues Museum Nuremberg consisting of an array of different elements laid on the floor. Both works point to the pivotal role played in Goshka Macuga's *oeuvre* by explorations of creation and destruction. Using an oft deployed practice, these works also enter into a dialog with works by other artists. The space and experience-broadening mirrors depict the classic theme of perception, reflection, and self-knowledge and allude on many levels to avantgarde sources—Kazimir Malevich's manifesto *The Suprematist Mirror* from 1923, as well as to Marcel Duchamp's shattered masterpiece *The Large Glass*. The new work *How the Failure of Reconstruction Destroyed Progress* (2018) involves collage objects and assemblies by the artist couple Jiří Kolář and Běla Kolářová—chosen on the basis of the multilayered political, social and personal upheavals of 1968. As a classic example of a female artist living in the shadow of her more successful husband, this work also epitomizes Goshka Macuga's pronounced awareness of gender issues.

Finally, all that remains for me to say is that *Intellectual Co-operation* is the first solo exhibition in Germany of this Polish artist (born in Warsaw in 1967) who has been living in London since 1989. A lively storyteller rooted in romantic narrative image production, she creates works that are both classical and visionary. Goshka Macuga understands how to hone in on historically controversial themes as well as current debates of our times, using them to fashion fictional futures.

must be something more than two wolves and a sheep voting on what to have for dinner" (Demokratie muss mehr sein, als dass zwei Wölfe und ein Schaf über die nächste Mahlzeit abstimmen) ist dafür bezeichnend. Dieser prangt auf dem Plakat neben einer der drei abgebildeten Gestalten in Tierkostümen, die sich in einer dystopischen Landschaft befinden und mit Transparenten für Veränderung protestieren. Goshka Macuga aktualisiert hier George Orwells Fabel *Animal Farm*, die von der Ablösung eines üblen Regimes durch ein noch schlimmeres erzählt. In der rasch überholten und längst durch die virtuelle Realität abgelösten Technologie des 3D-Effekts versinnbildlicht sich der schnelle Wechsel auch verheißungsvollster Systeme – ein Thema, auf das die Künstlerin wiederholt im politischen Sinne anspielt.

Ganz unvermittelt begegnet man in der Ausstellung *Madame Blavatsky* in skulpturaler Form, der esoterisch-spiritistischen Okkultistin und Theosophin im Schwebezustand und dem *Somnambulist* – dem Schlafwandler zwischen An- und Abwesenheit. Diese frühen Arbeiten von 2006 fungieren als Hinweise auf die lustvolle Recherche der Künstlerin in spekulativen, nicht abgesicherten wissenschaftlichen Feldern.

Darüber hinaus sind die *Mirrors* zu sehen sowie eine neue, eigens für das Neue Museum geschaffene Komposition aus verschiedenen Elementen am Boden. Beide implizieren die für Goshka Macugas künstlerisches Œuvre so wichtige Auseinandersetzung mit Kreation und Destruktion. Auch treten sie, wie oftmals praktiziert, in Dialog mit Arbeiten anderer Künstlerinnen und Künstler. Die raum- und erfahrungserweiternden Spiegel stellen das klassische Thema der Wahrnehmung, Reflexion und Selbsterkenntnis dar und verweisen auf vielerlei Ebenen auf avantgardistische Quellen – Kasimir Malewitschs Manifest *The Suprematist Mirror* von 1923 wie auch Marcel Duchamps zersprungenes Meisterwerk, das *Große Glas*. Die neue Arbeit *How the Failure of Reconstruction Destroyed Progress* (2018) involviert Collageobjekte und Assemblagen des tschechischen Künstlerpaars Jiří Kolář und Běla Kolářová, deren Auswahl den vielschichtigen politischen, sozialen und auch privaten Umbrüchen im schicksalshaften Jahr 1968 geschuldet ist. Aber es verkörpert hier auch im Muster der sich im Schatten des erfolgreicheren Mannes behauptenden Künstlerin der im Werk von Goshka Macuga ausgeprägte Sinn für ‚gender issues'.

Schlussendlich bleibt mir noch zu erwähnen, dass *Intellectual Co-operation* die erste museale Einzelausstellung der 1967 in Warschau geborenen und seit 1989 in London lebenden Künstlerin in Deutschland ist. In einer romantisch-narrativen Bildproduktion verhaftet, schafft die erheiternde Geschichtenerzählerin zugleich klassische wie auch visionäre Werke. Goshka Macuga versteht es, historisch brisante Themen wie auch aktuelle Debatten unserer Zeit aufzugreifen, um daraus fiktive Zukunftsszenarien zu entwerfen.

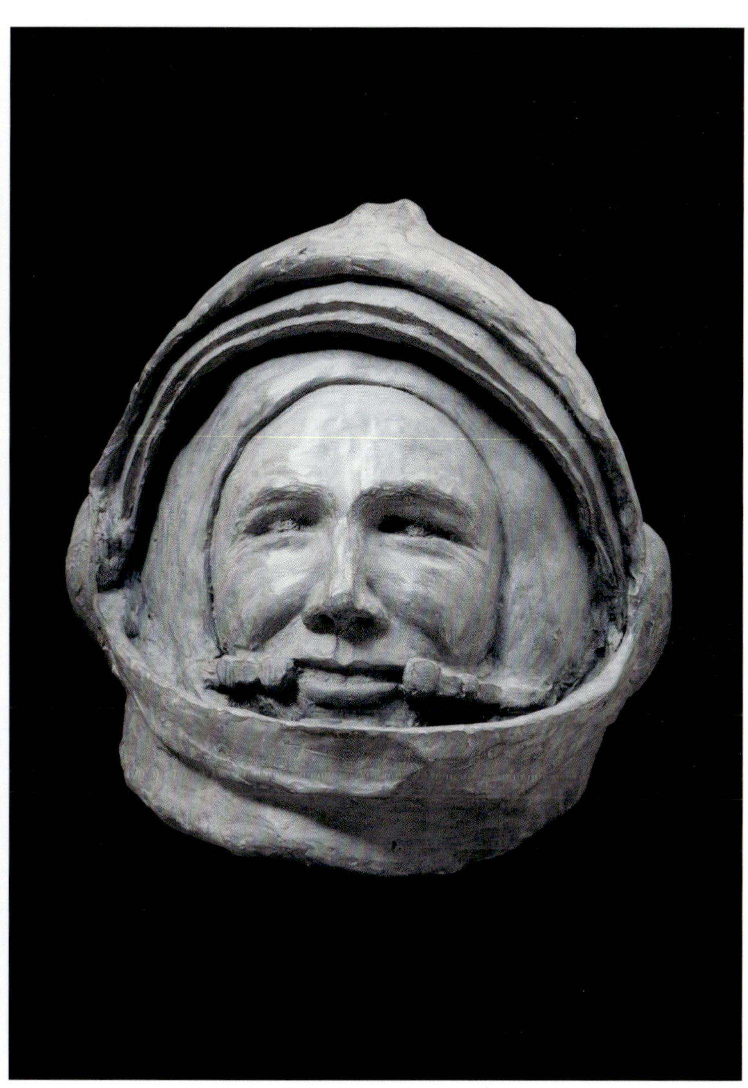

Yuri Gagarin

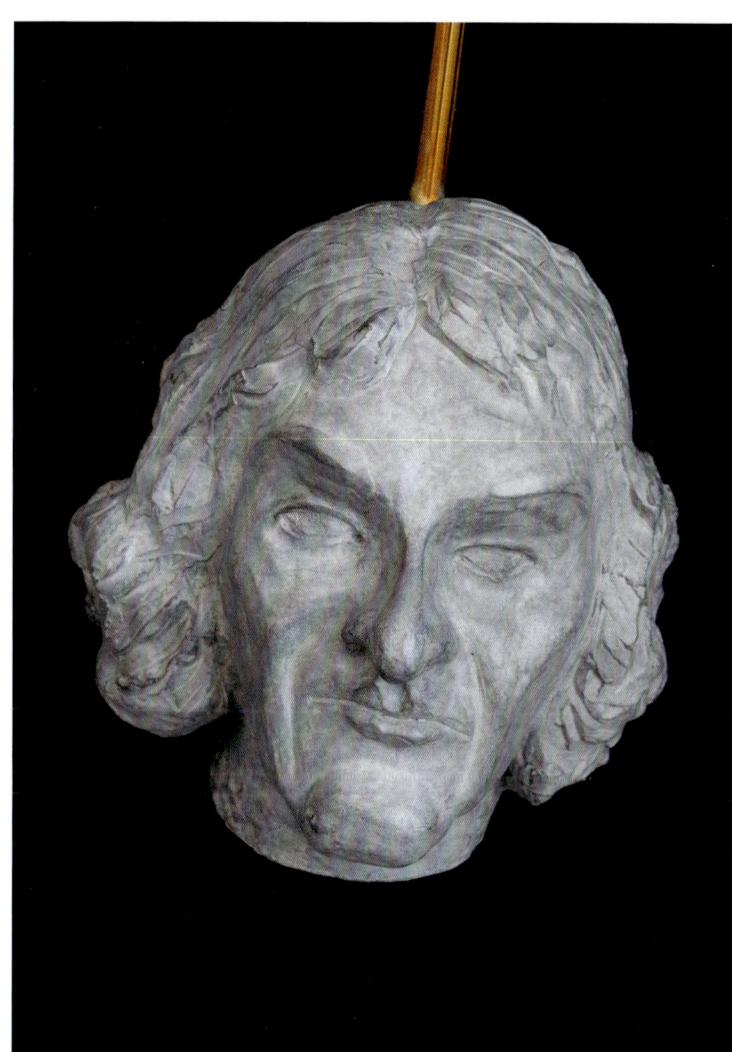

Nicolas Copernicus

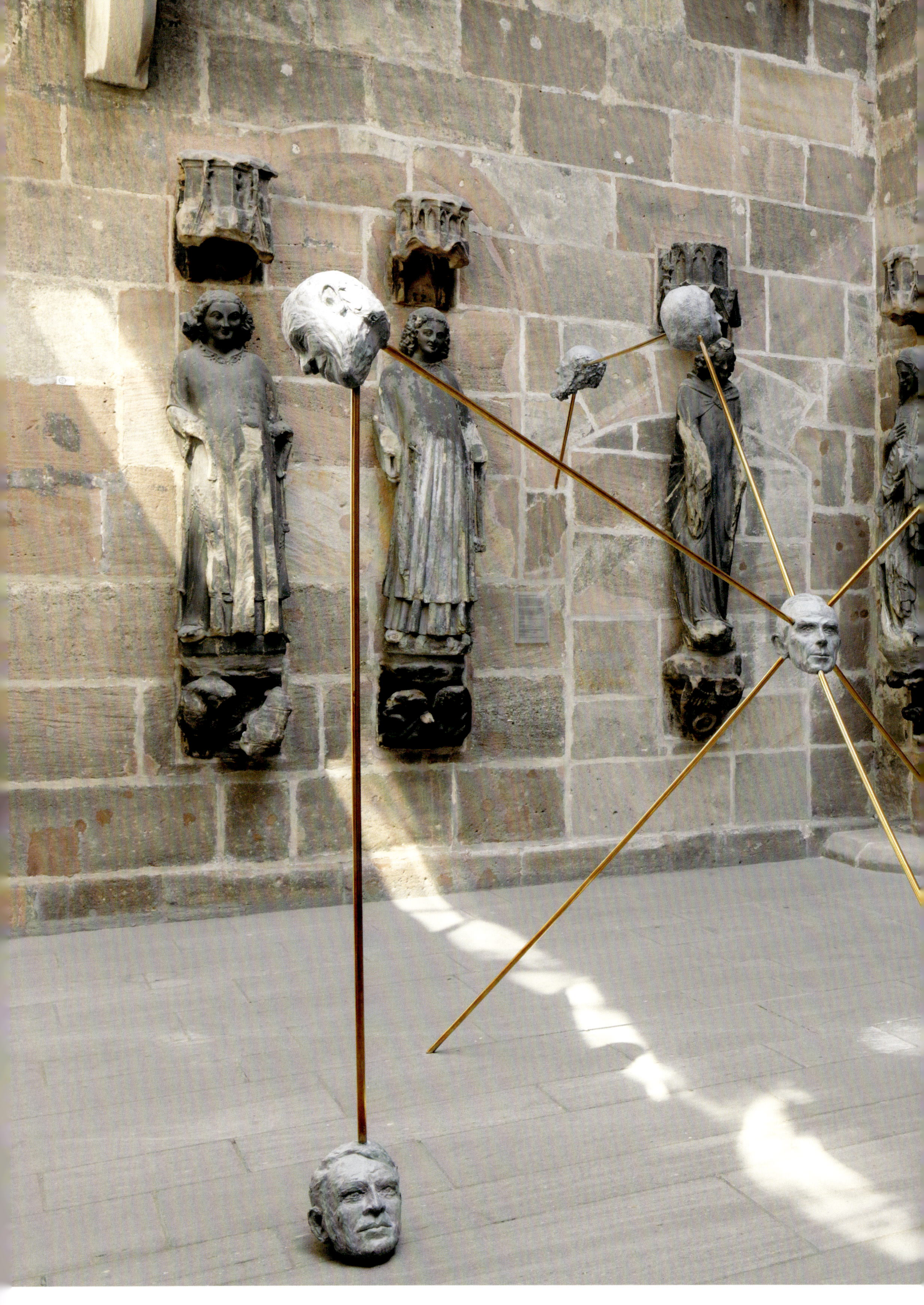

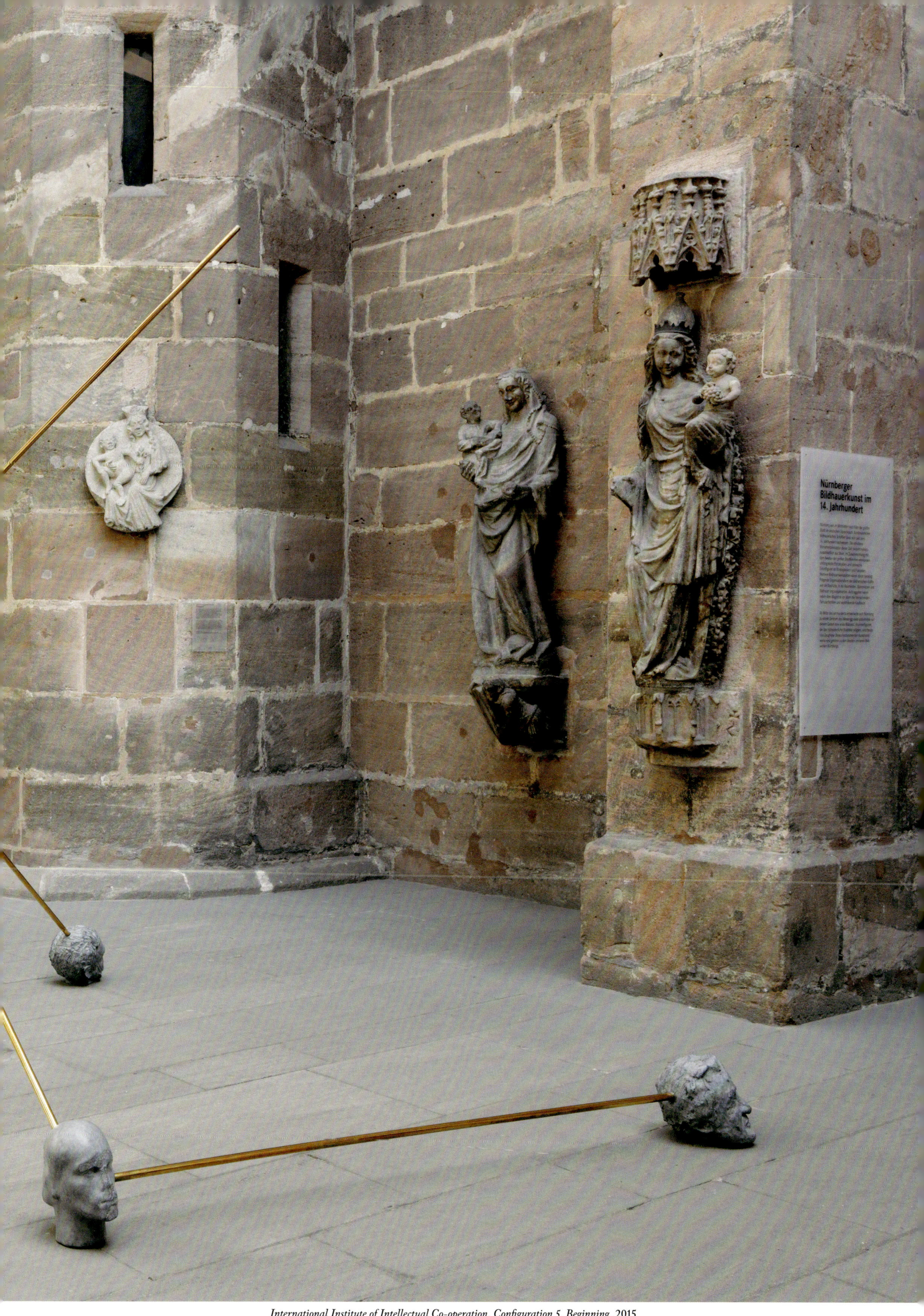

International Institute of Intellectual Co-operation, Configuration 5, Beginning, 2015

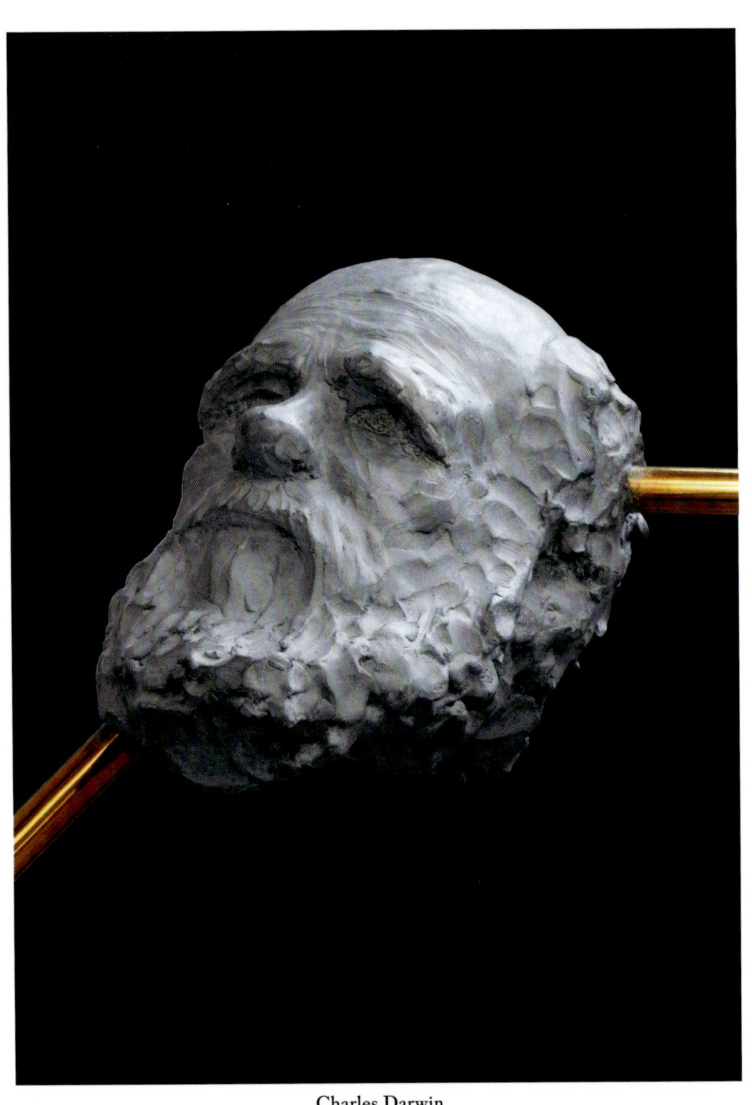
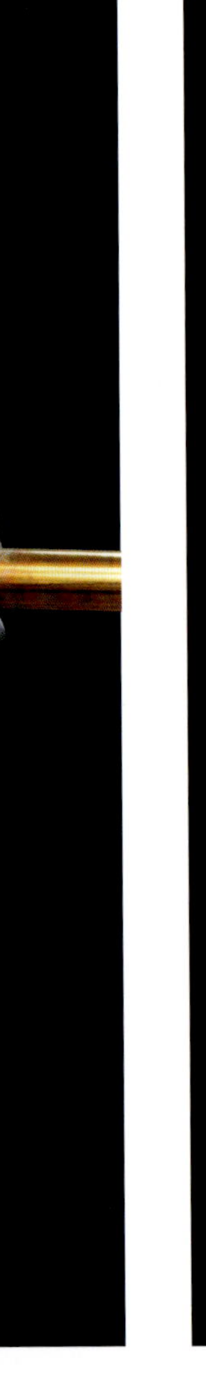

Charles Darwin

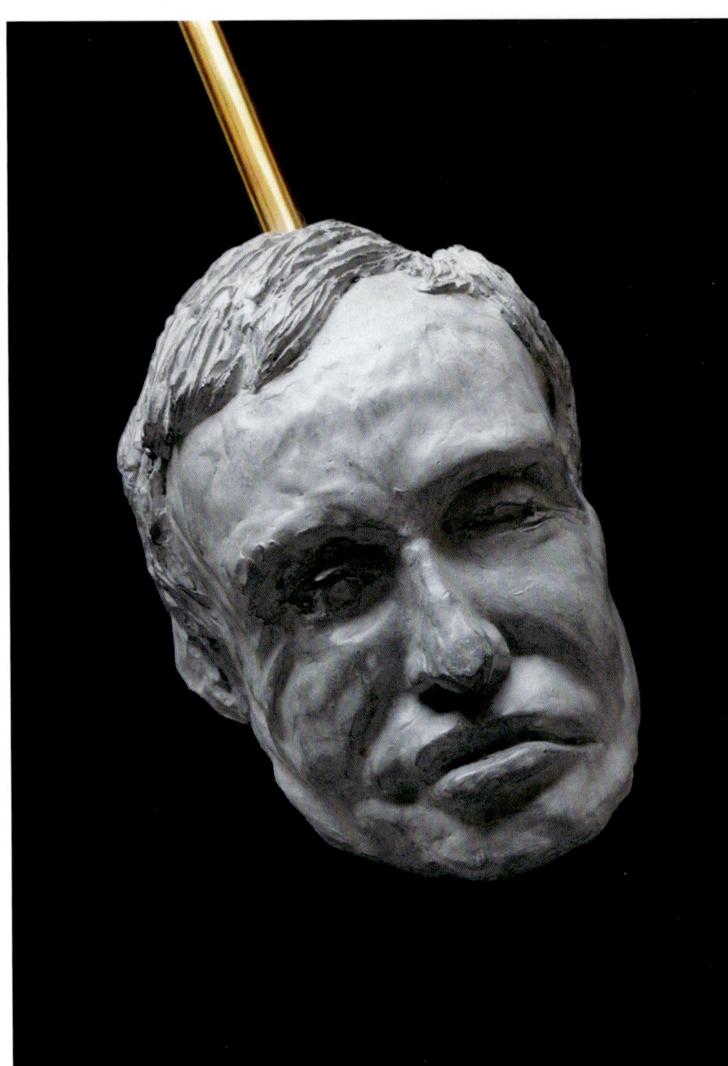

Stephen Hawking

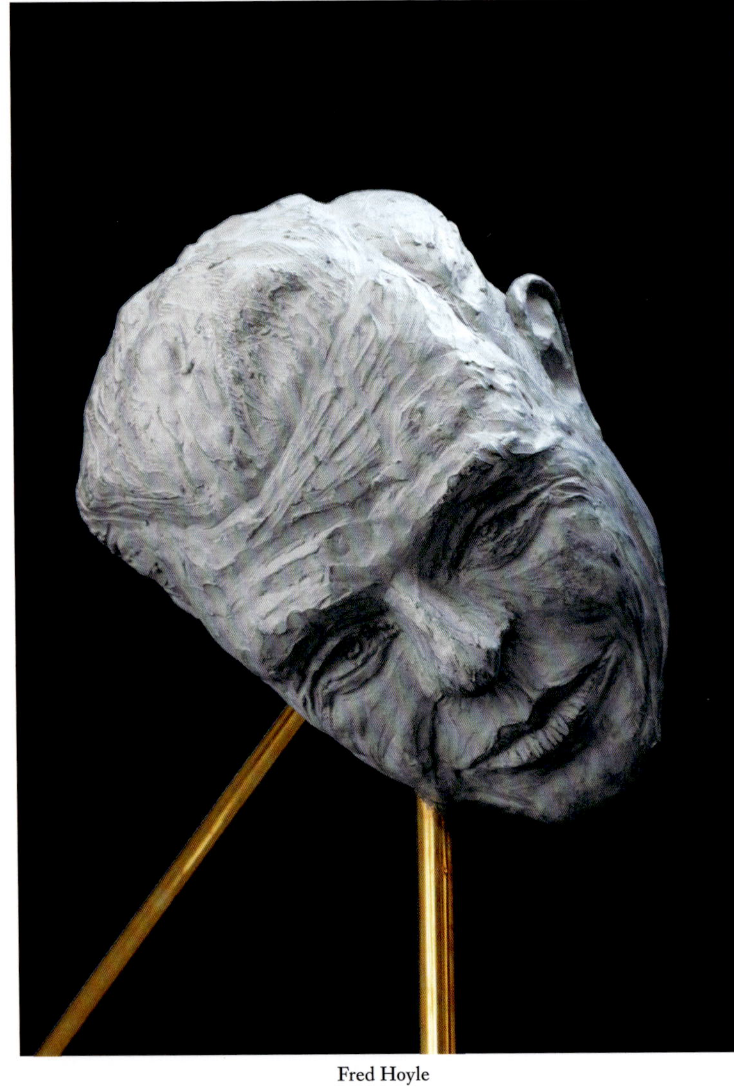

Fred Hoyle

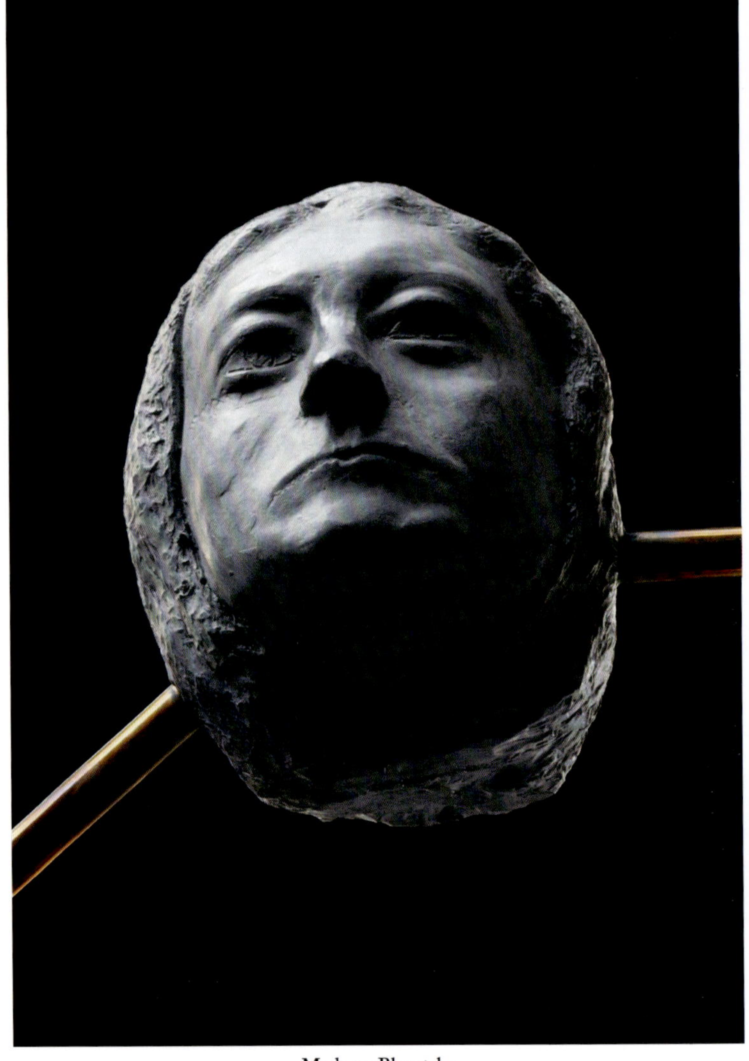

Madame Blavatsky

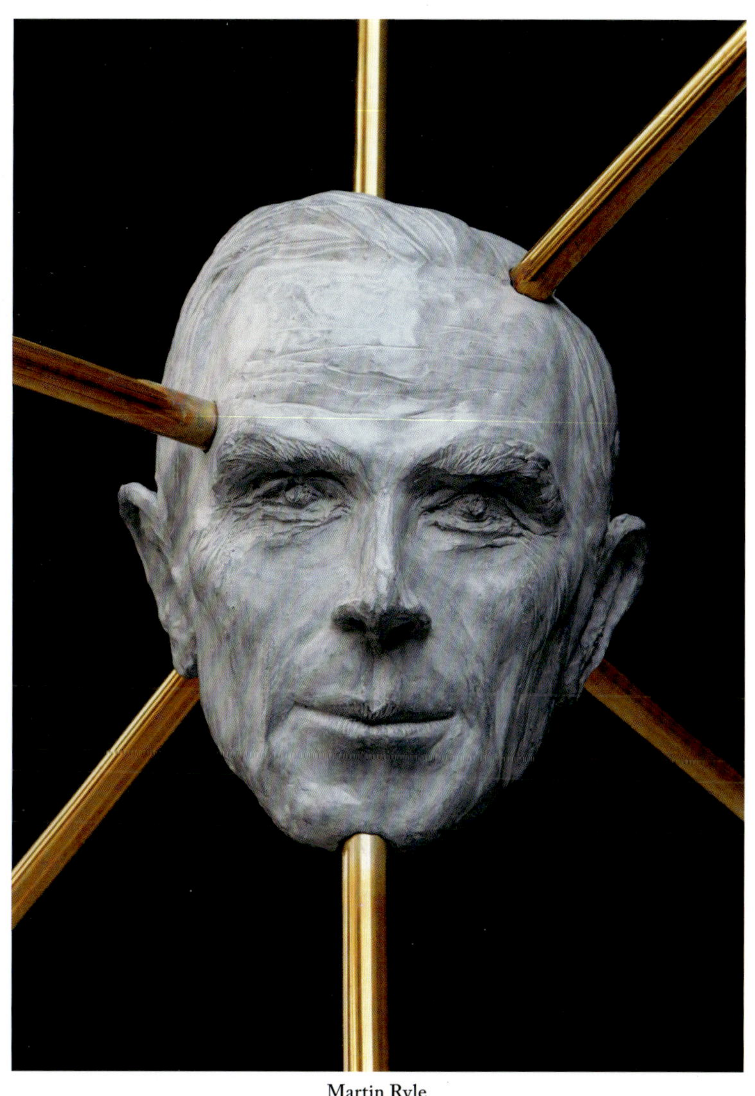

Martin Ryle

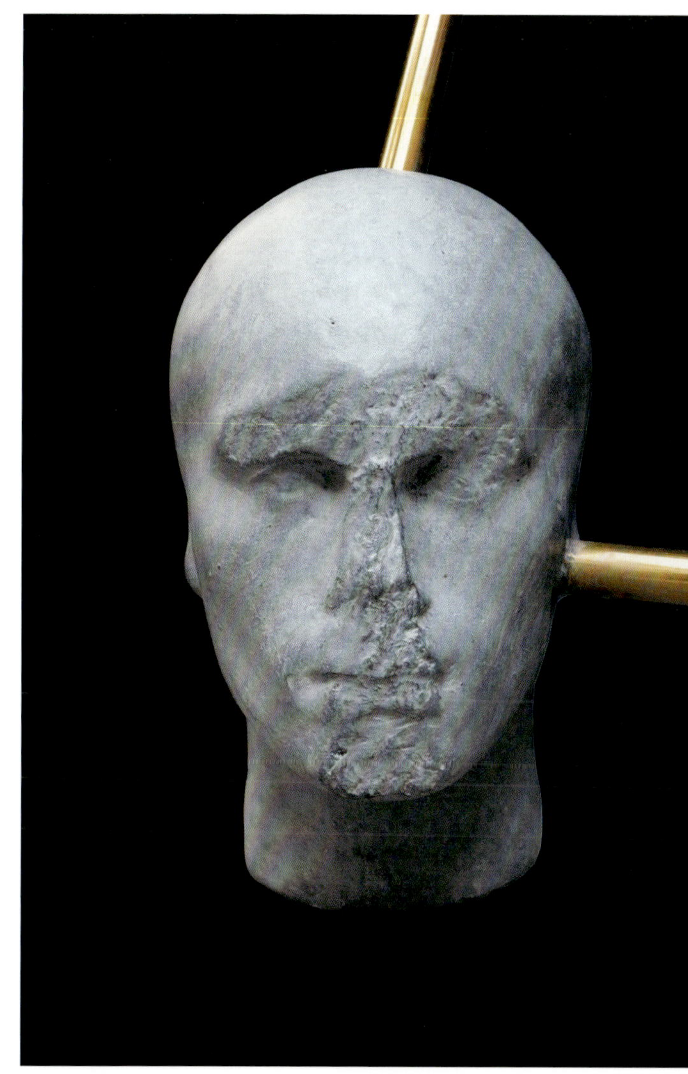

Anaximander

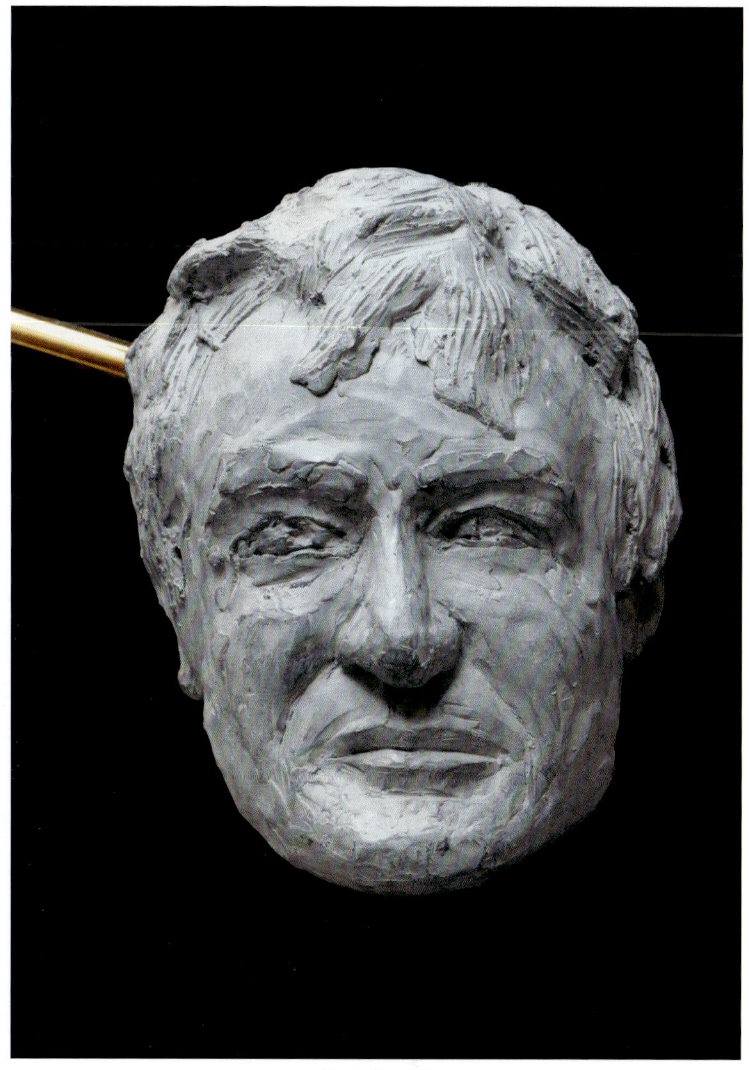

Carlo Rovelli

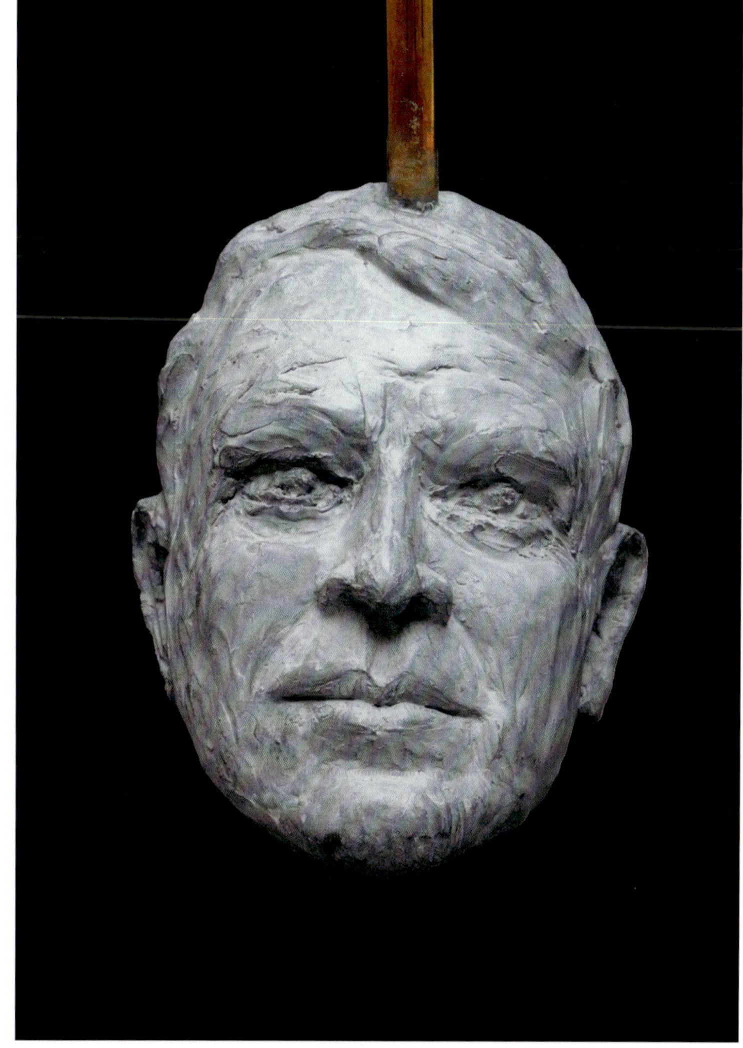

Andrei Linde

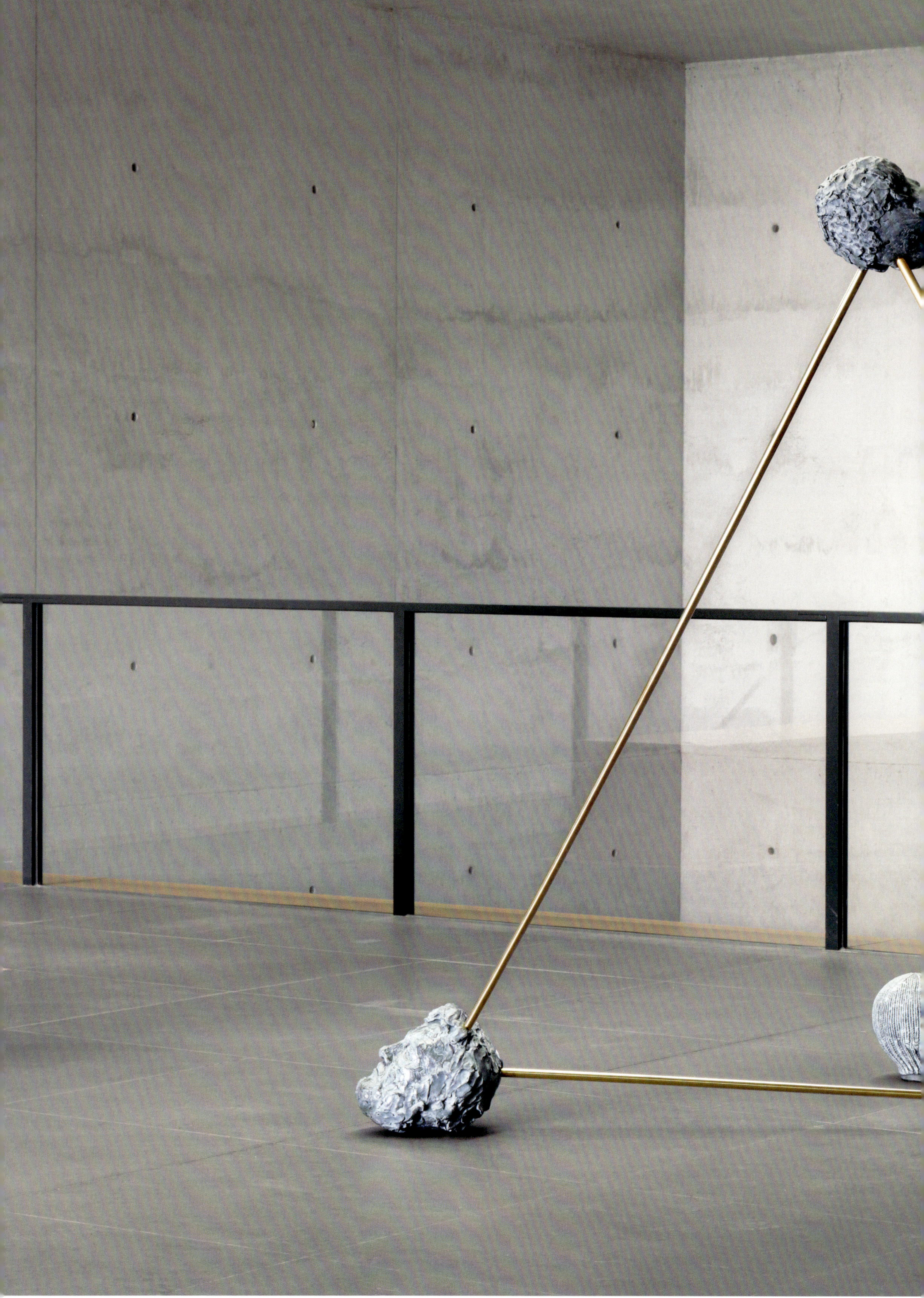

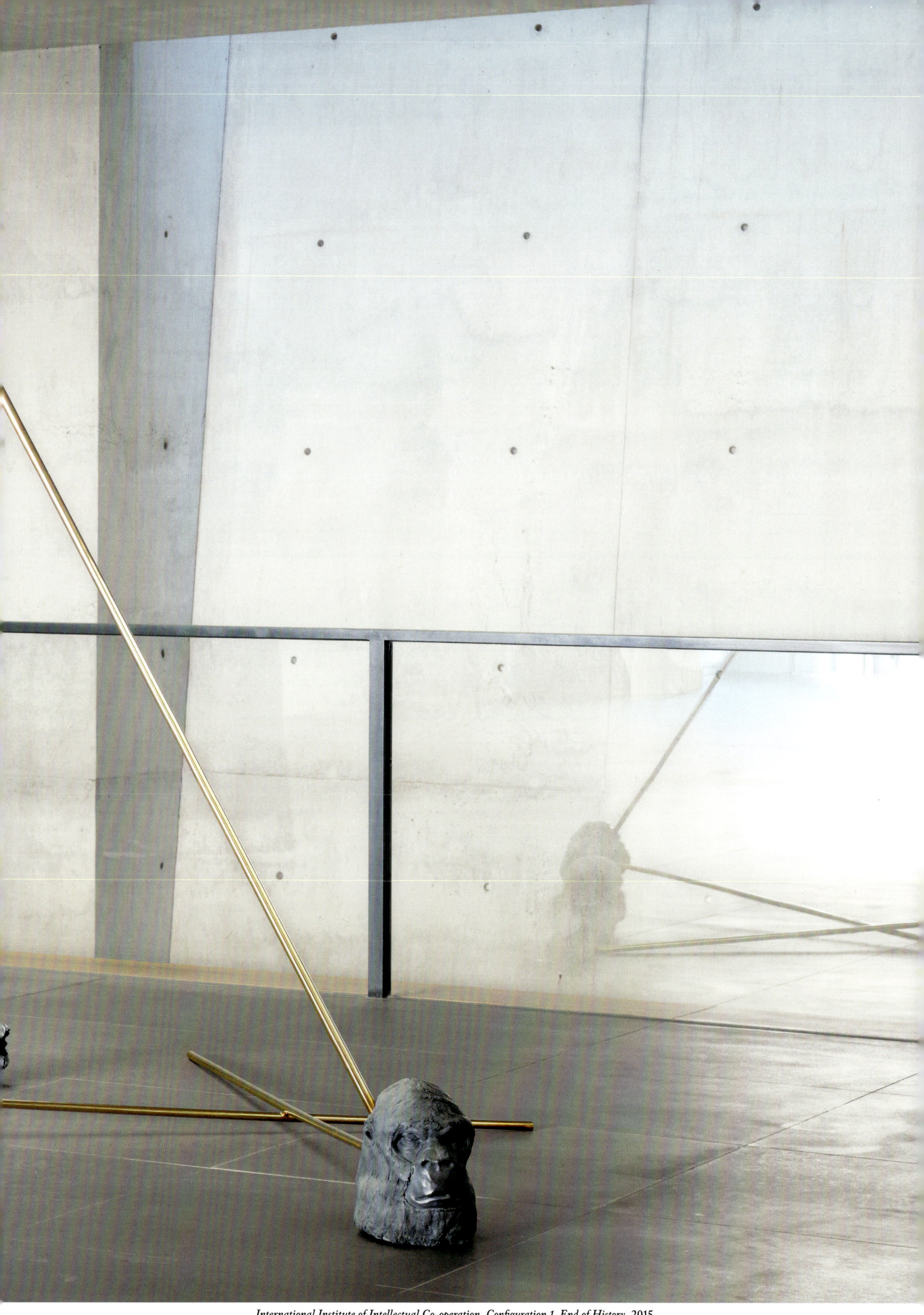

International Institute of Intellectual Co-operation, Configuration 1, End of History, 2015

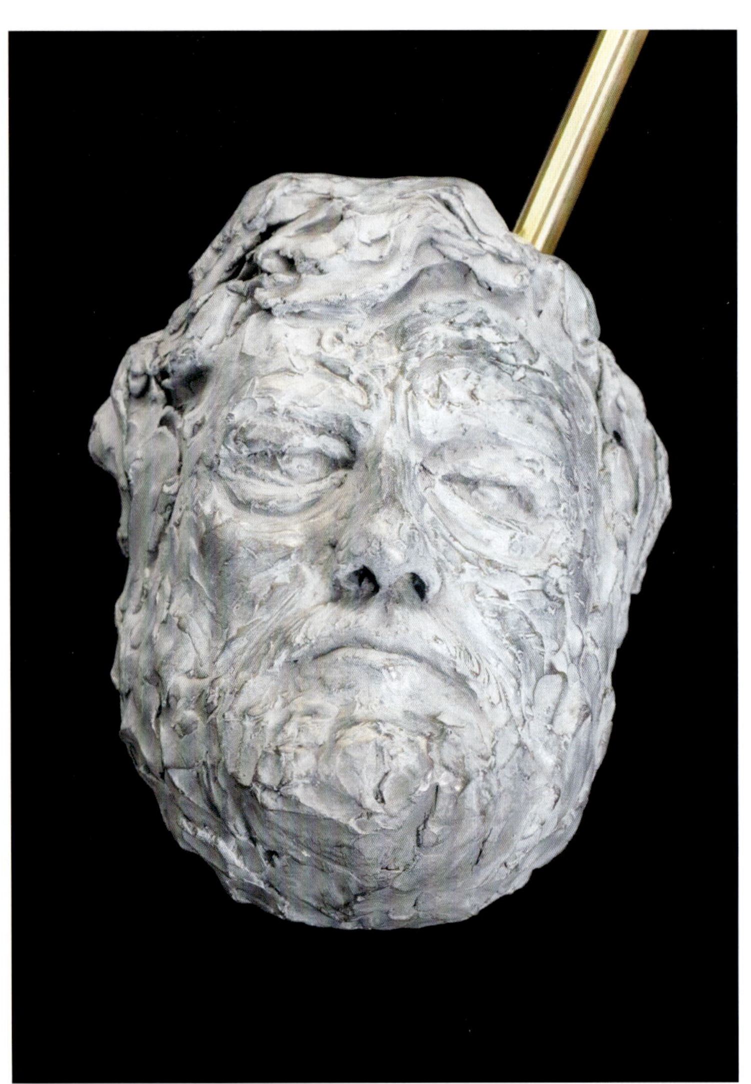

Slavoj Žižek

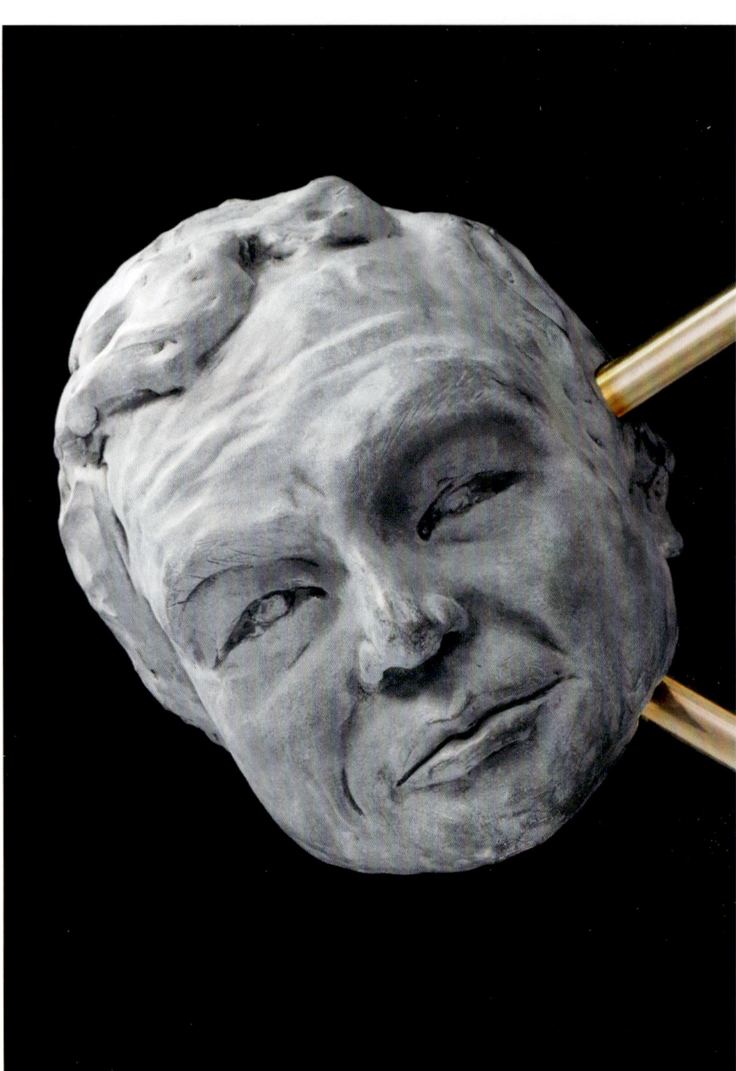

Francis Fukuyama

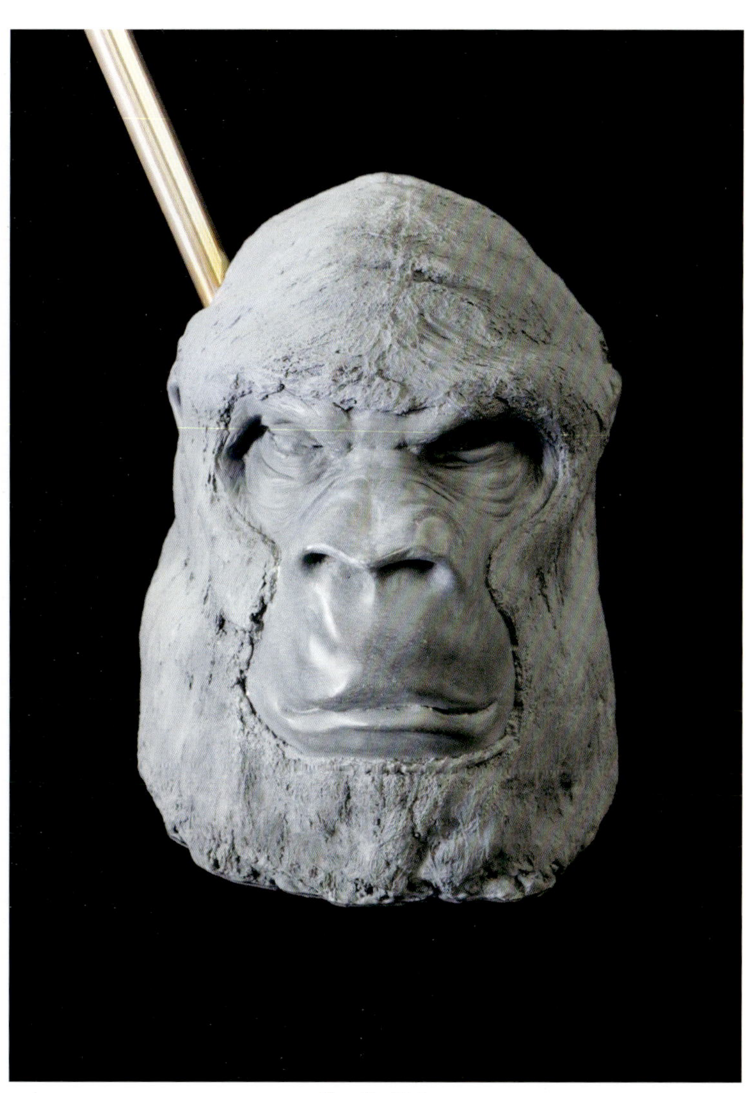

Guerilla Girls

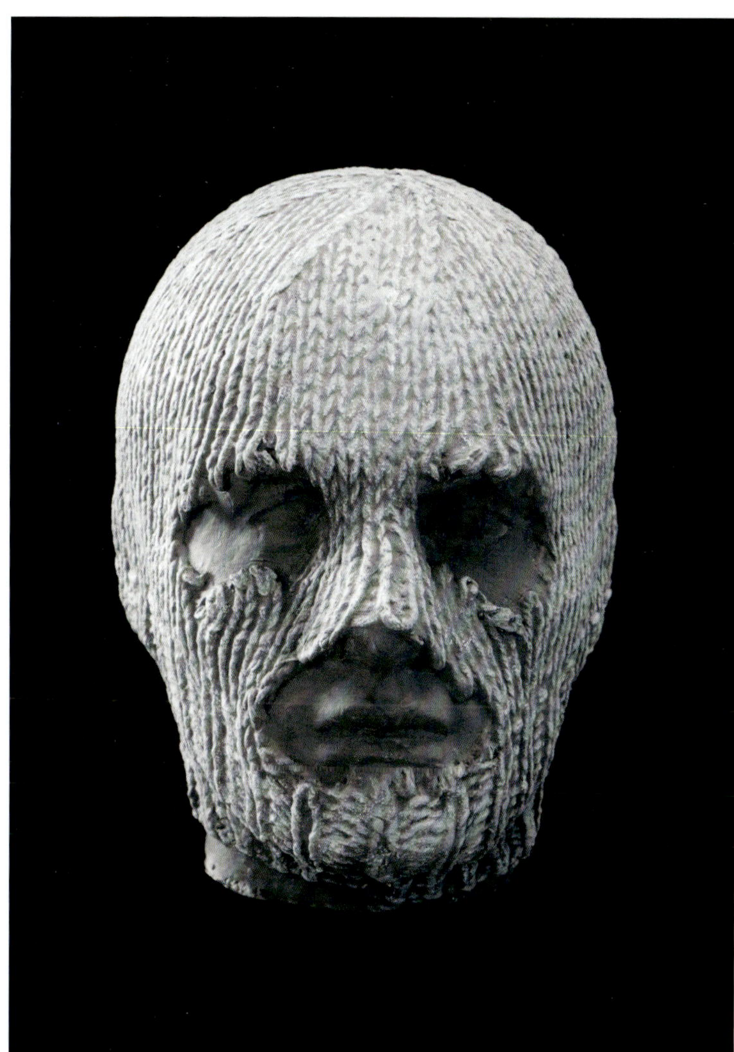

Pussy Riot

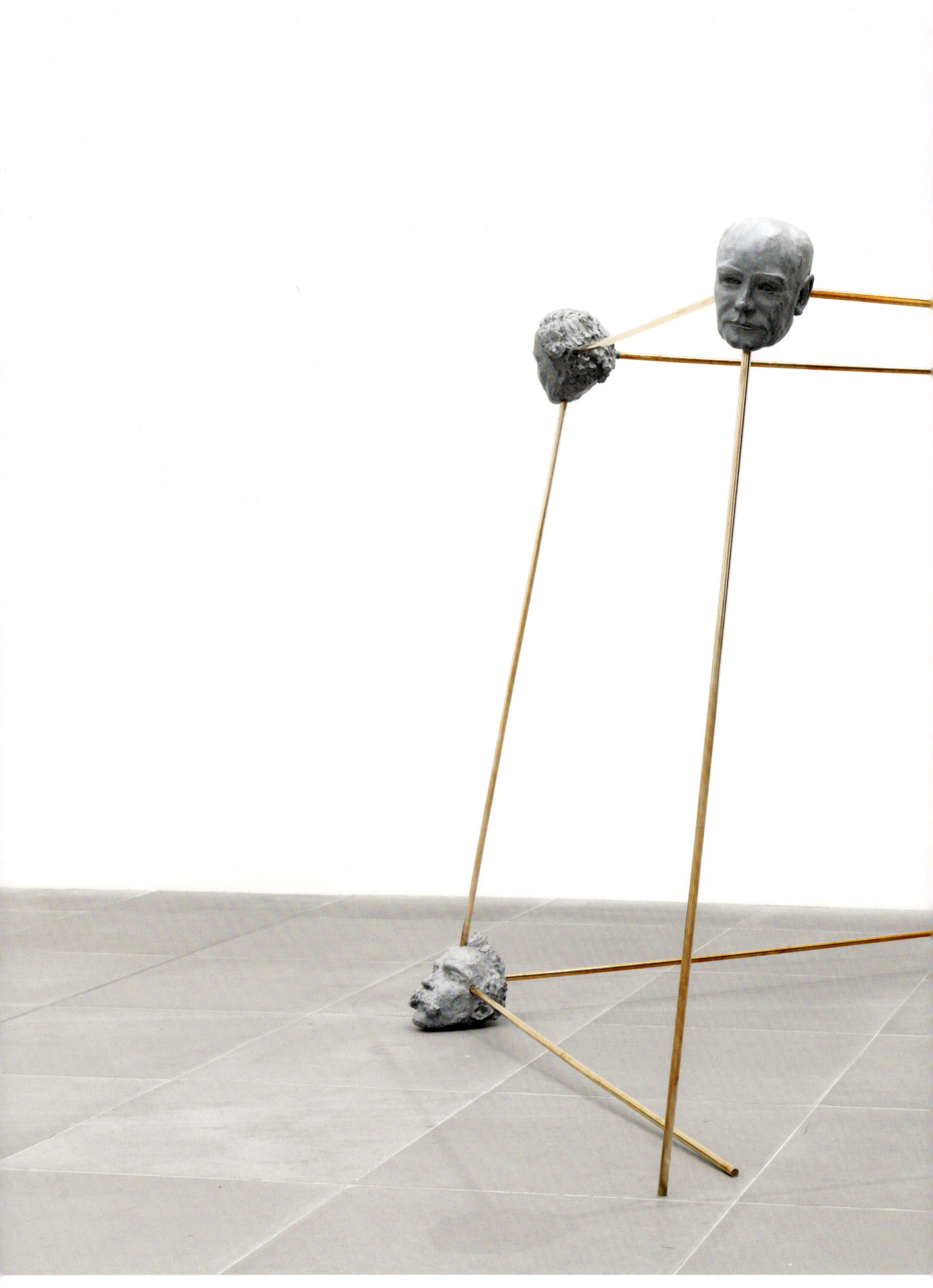

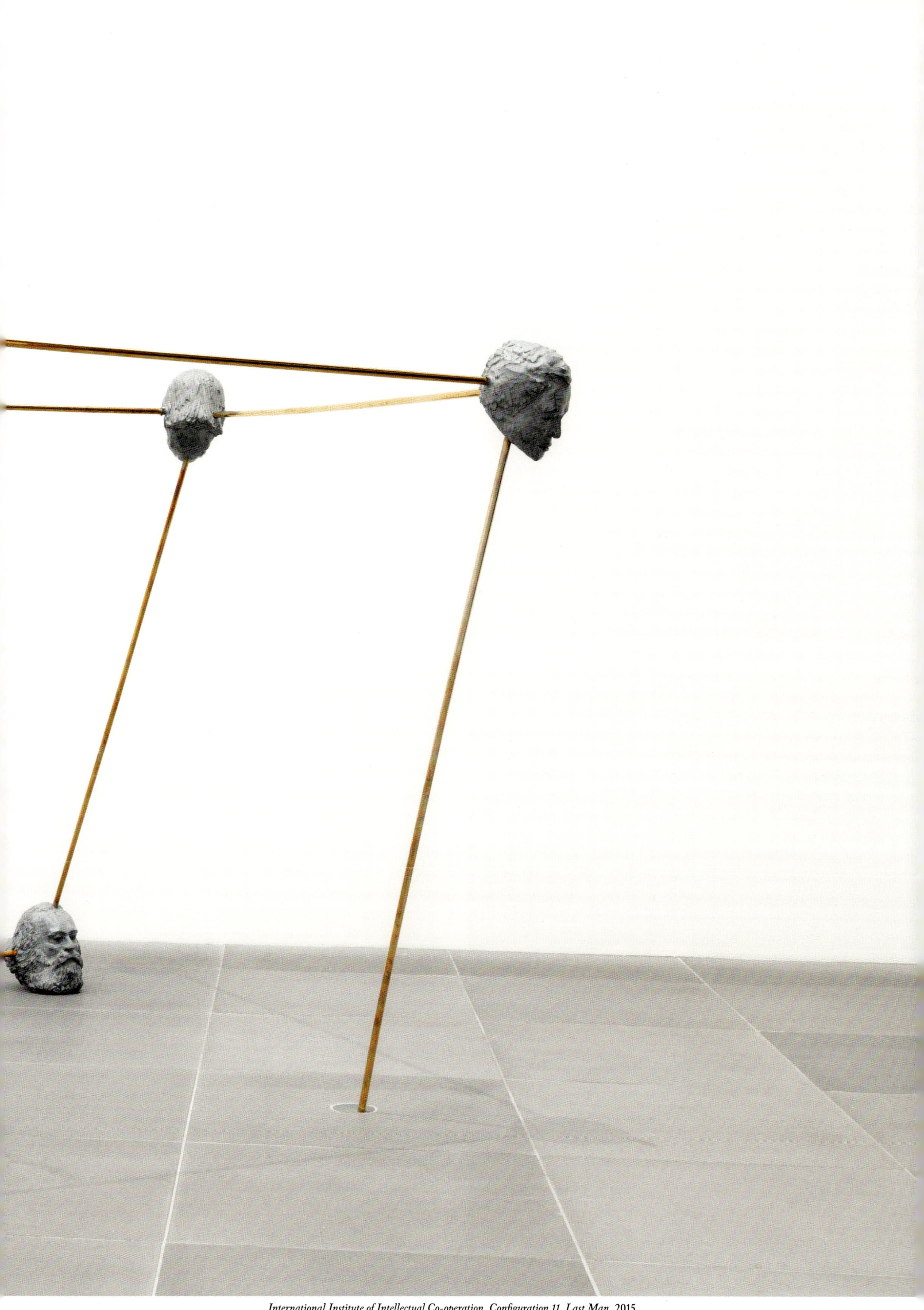

International Institute of Intellectual Co-operation, Configuration 11, Last Man, 2015

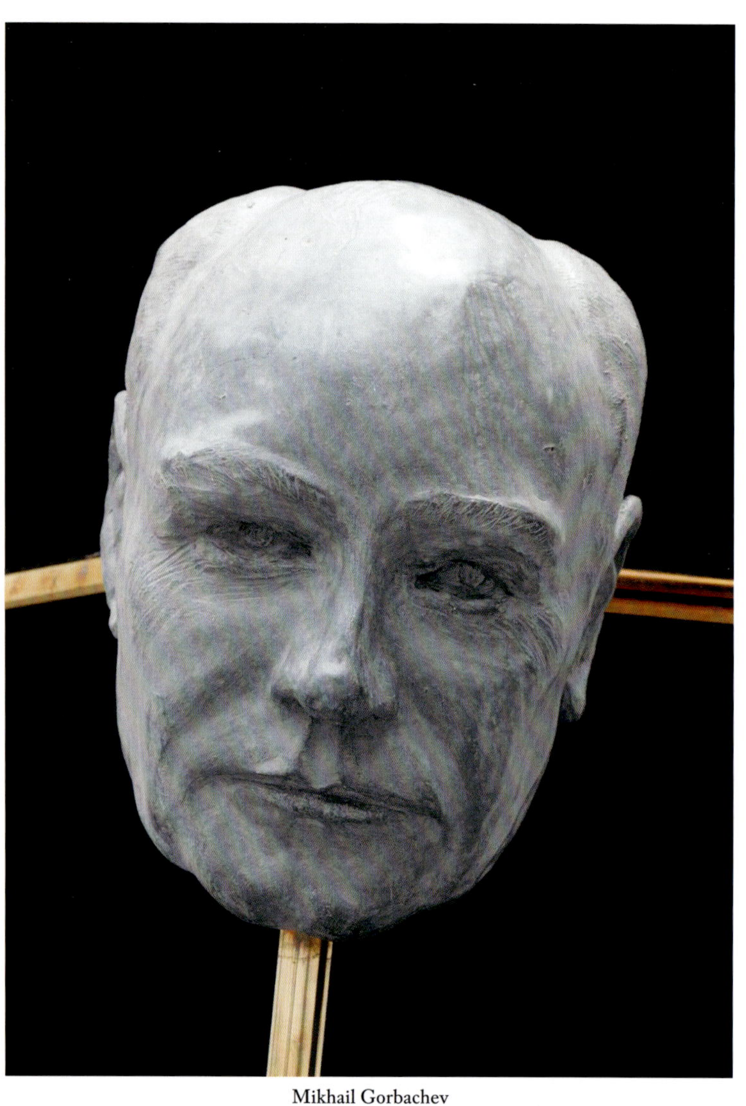

Mikhail Gorbachev

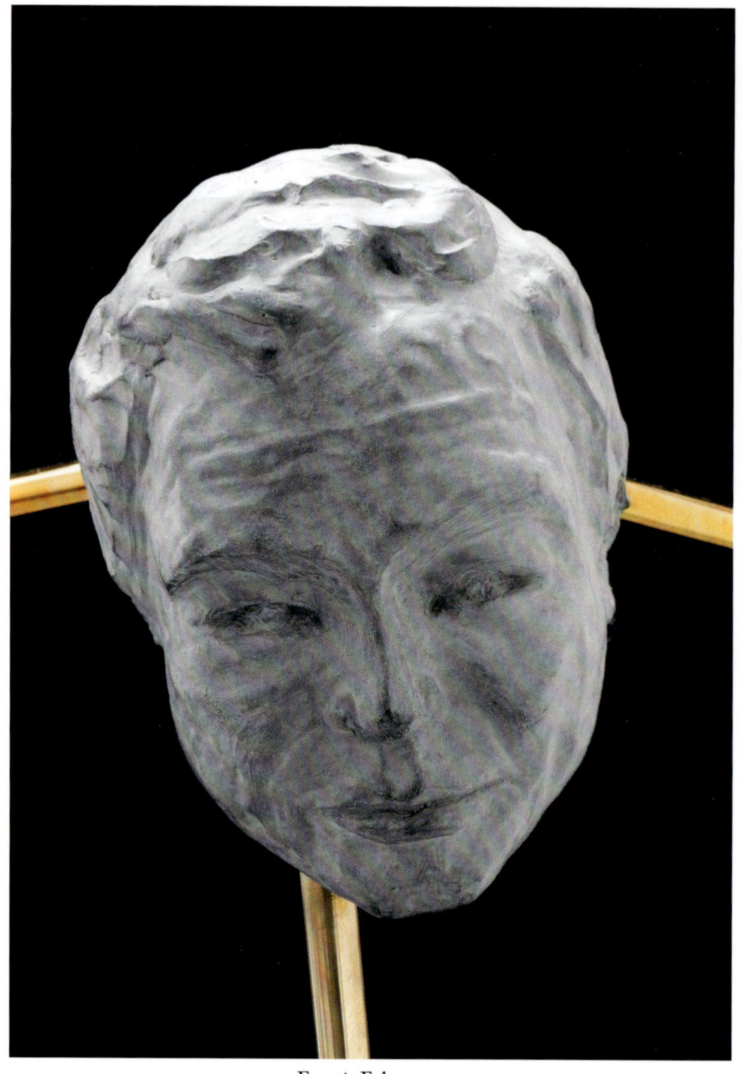

Francis Fukuyama

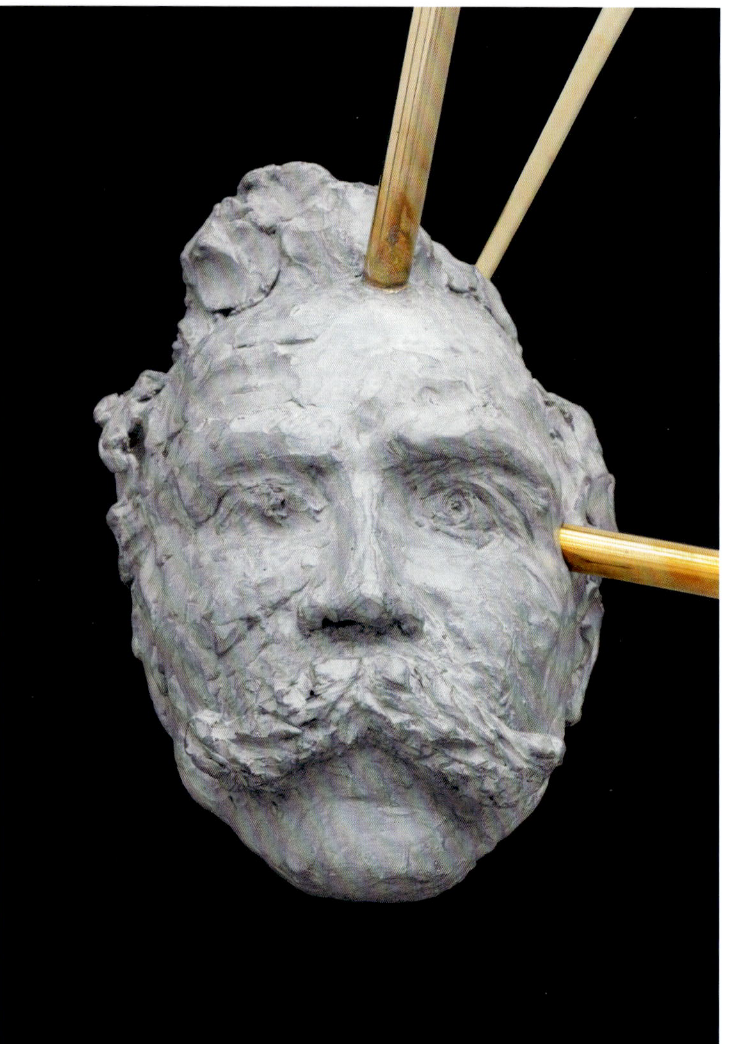

Friedrich Nietzsche

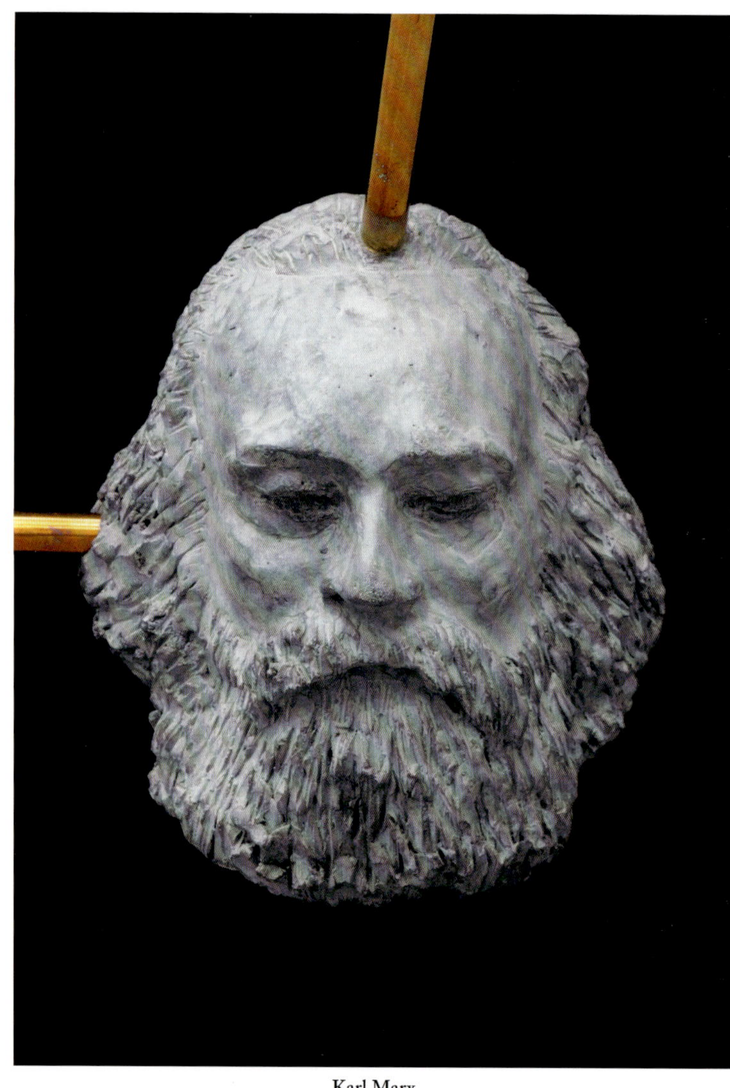

Karl Marx

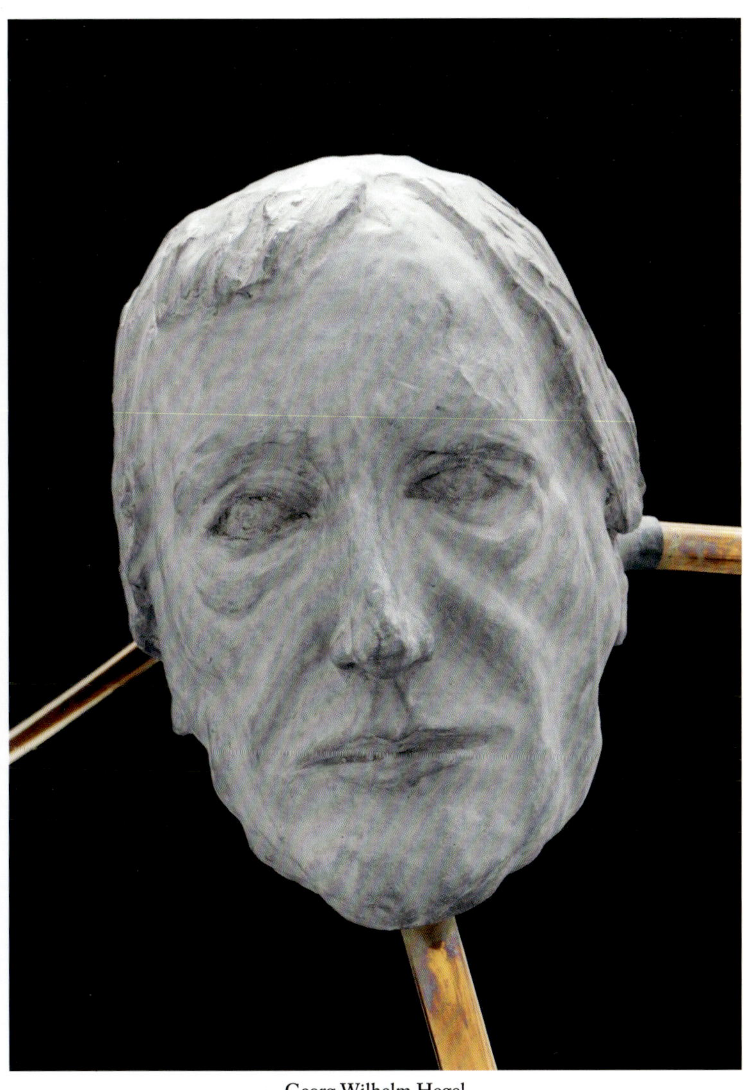

Georg Wilhelm Hegel

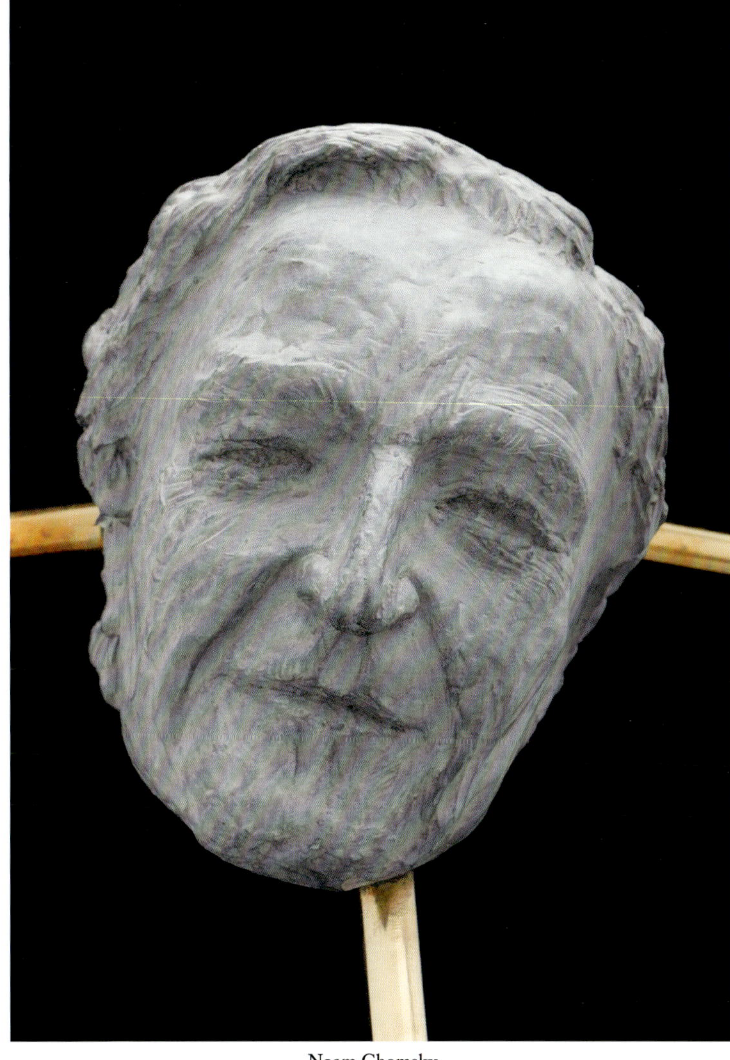

Noam Chomsky

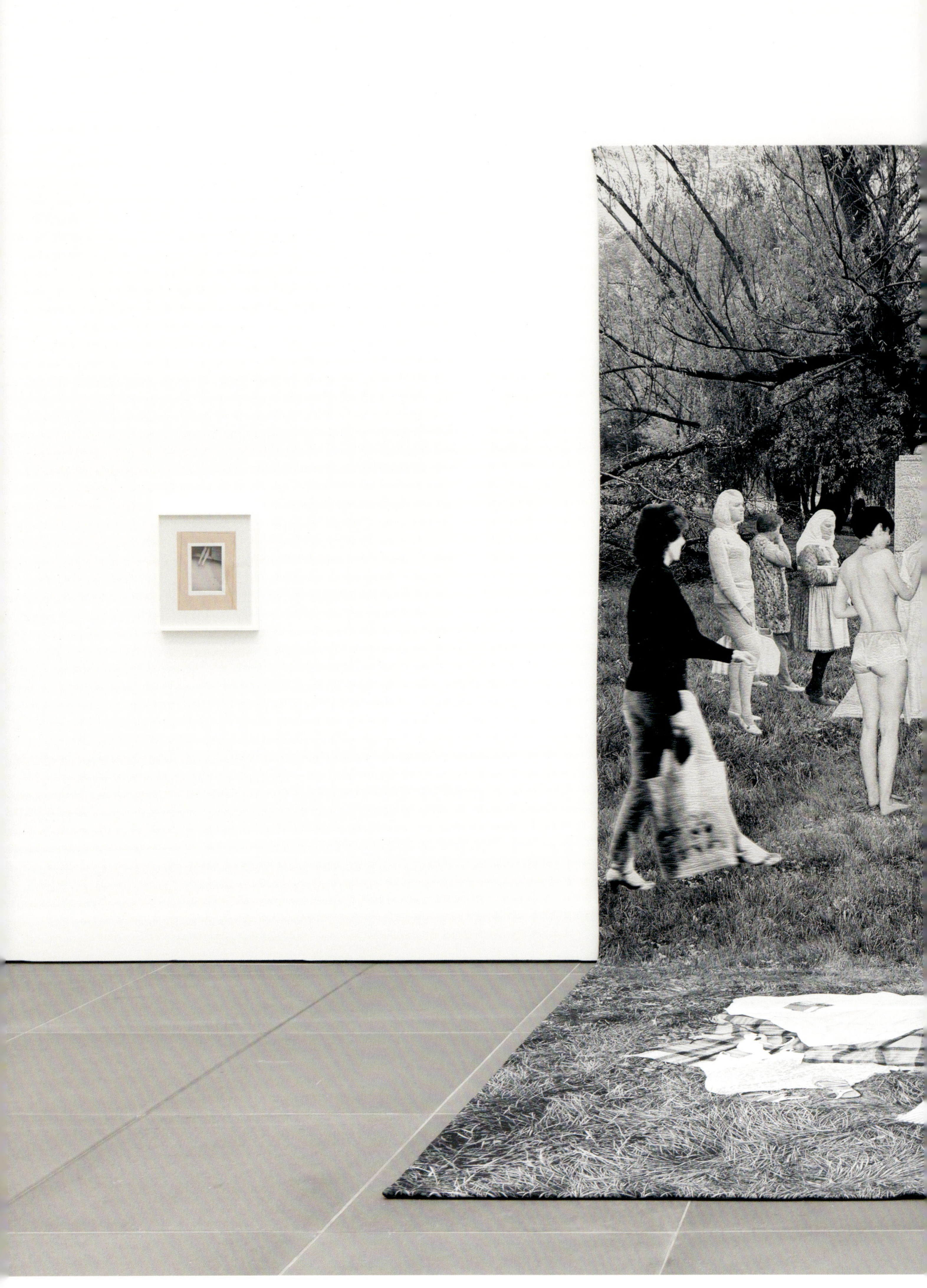

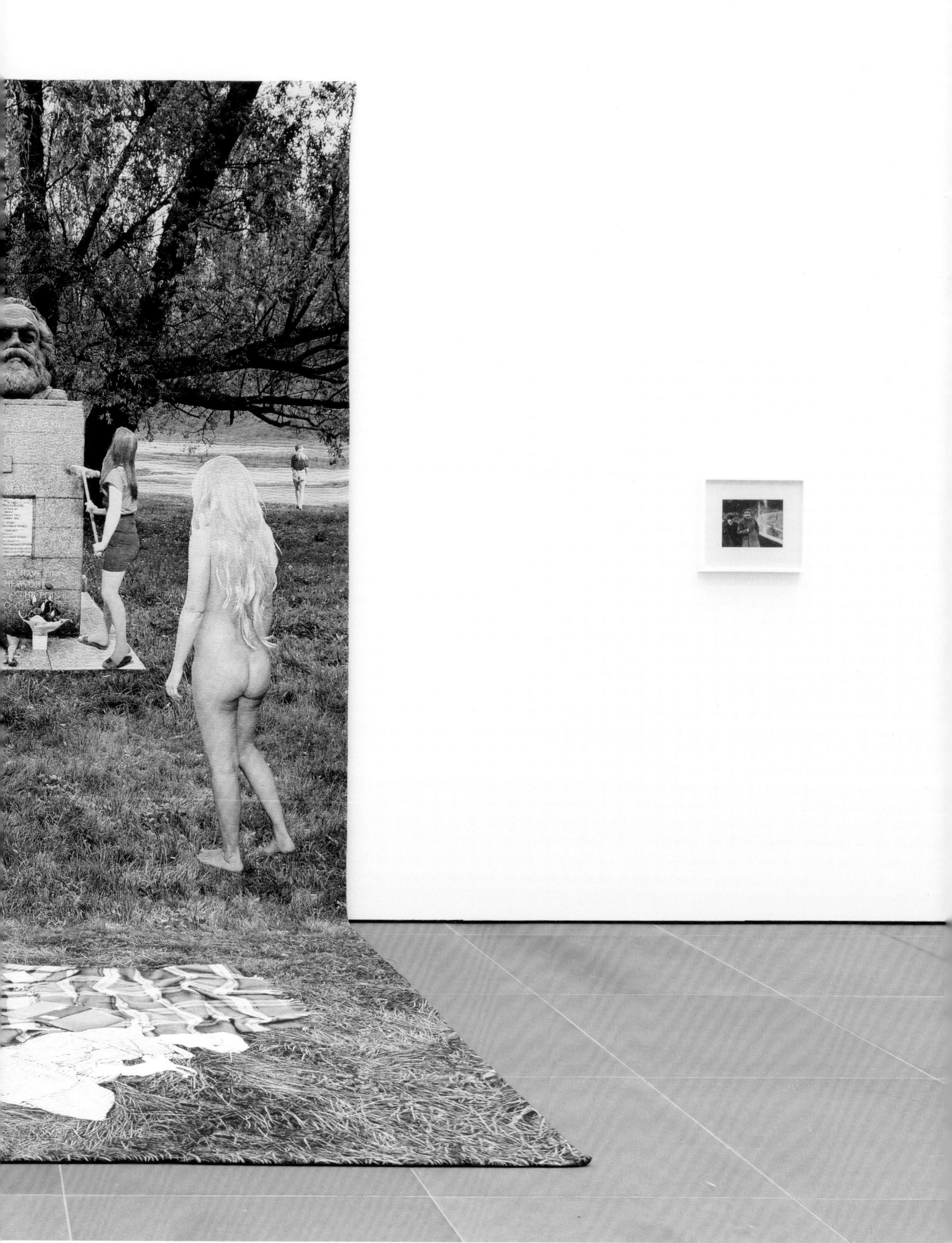

Death of Marxism, Women of All Lands Unite, 2013

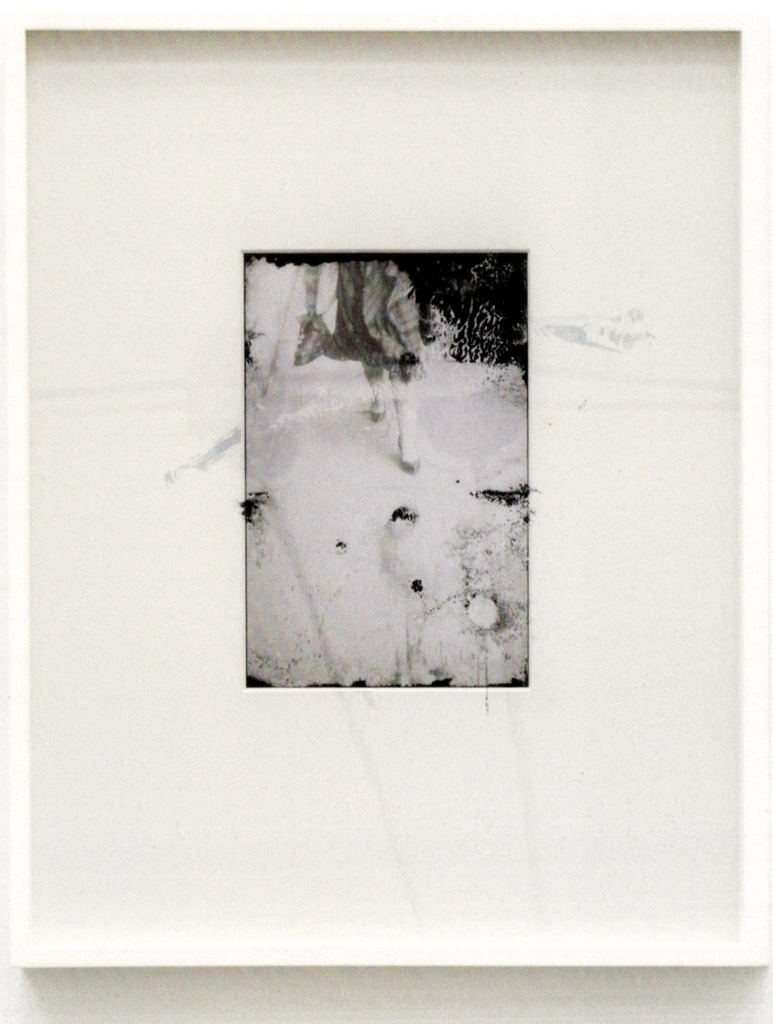

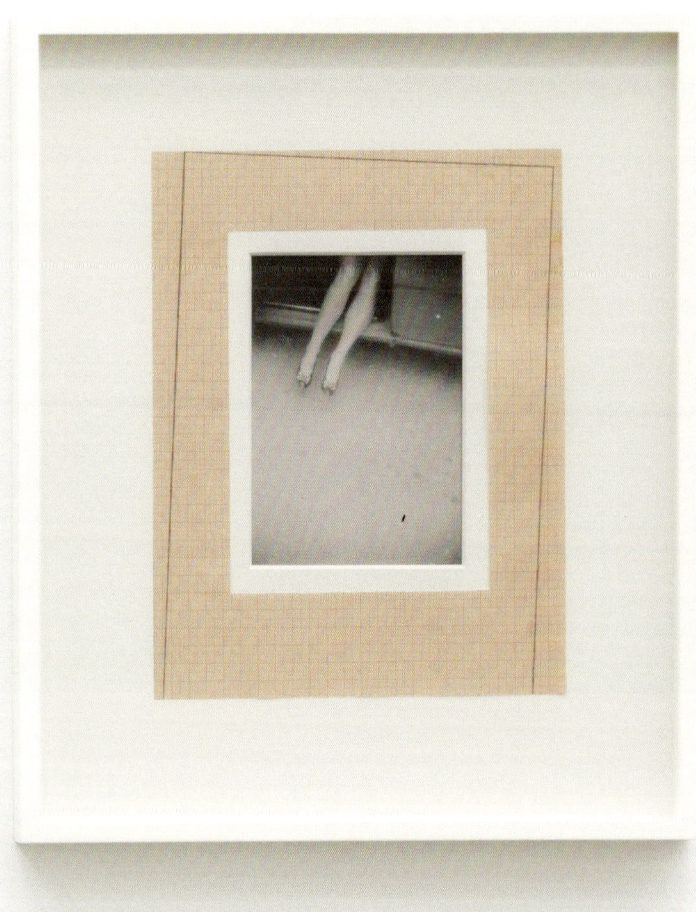

Frame for Tichý 11, 2013

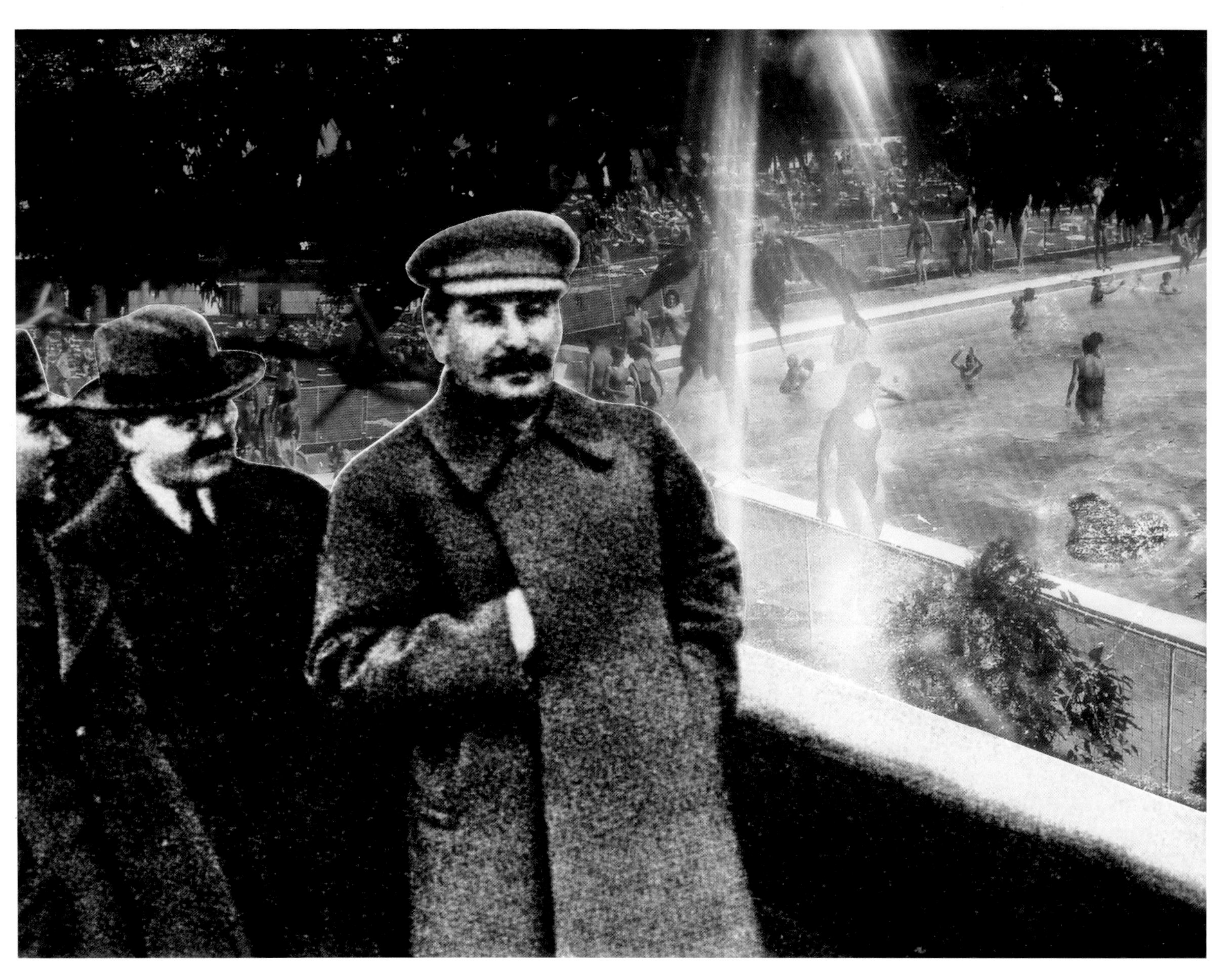

Gentle Stroll Along the Bank of the Volga Canal, 2013

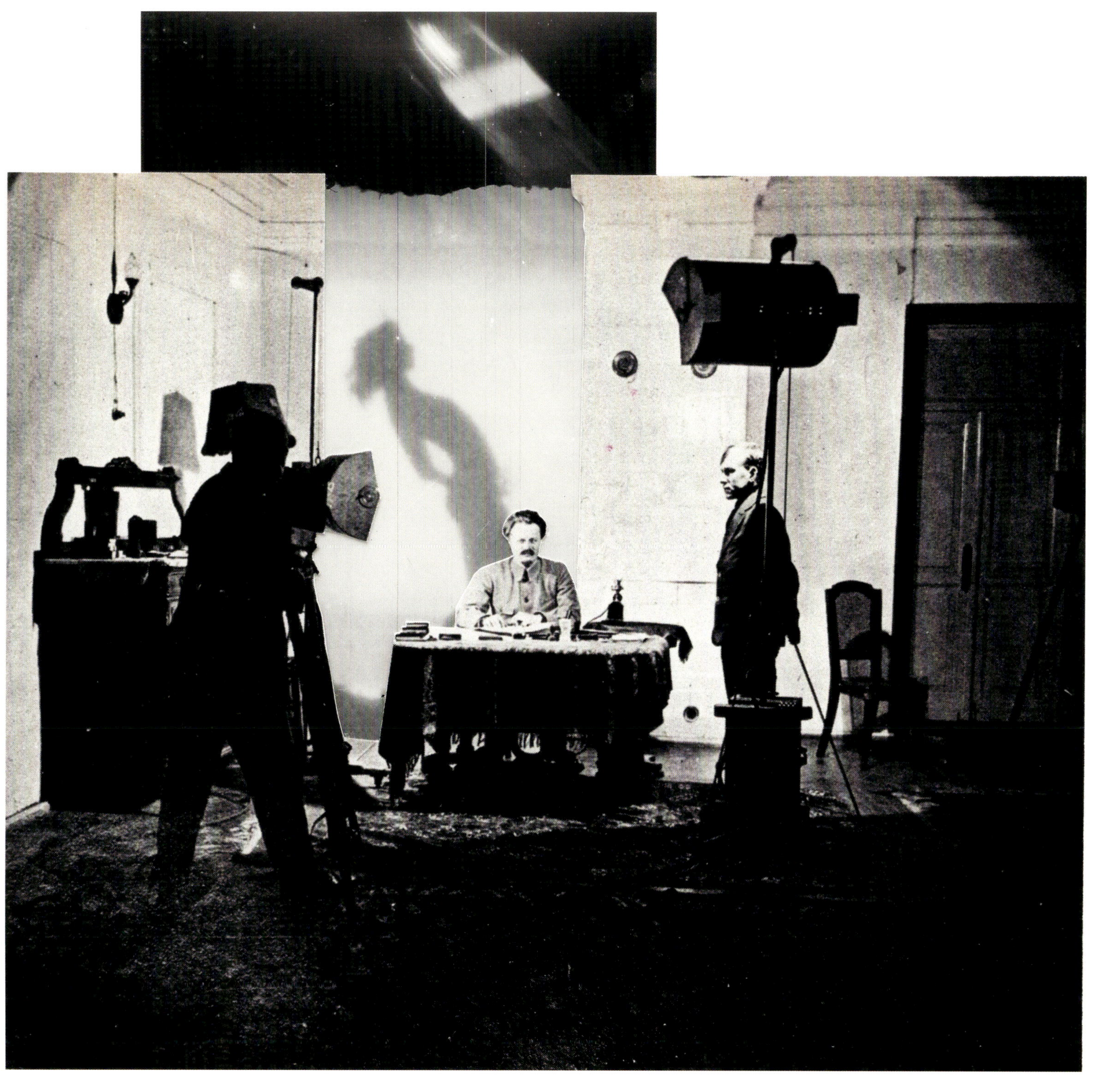

The Direct Consequence of Particular Social Order, 2013

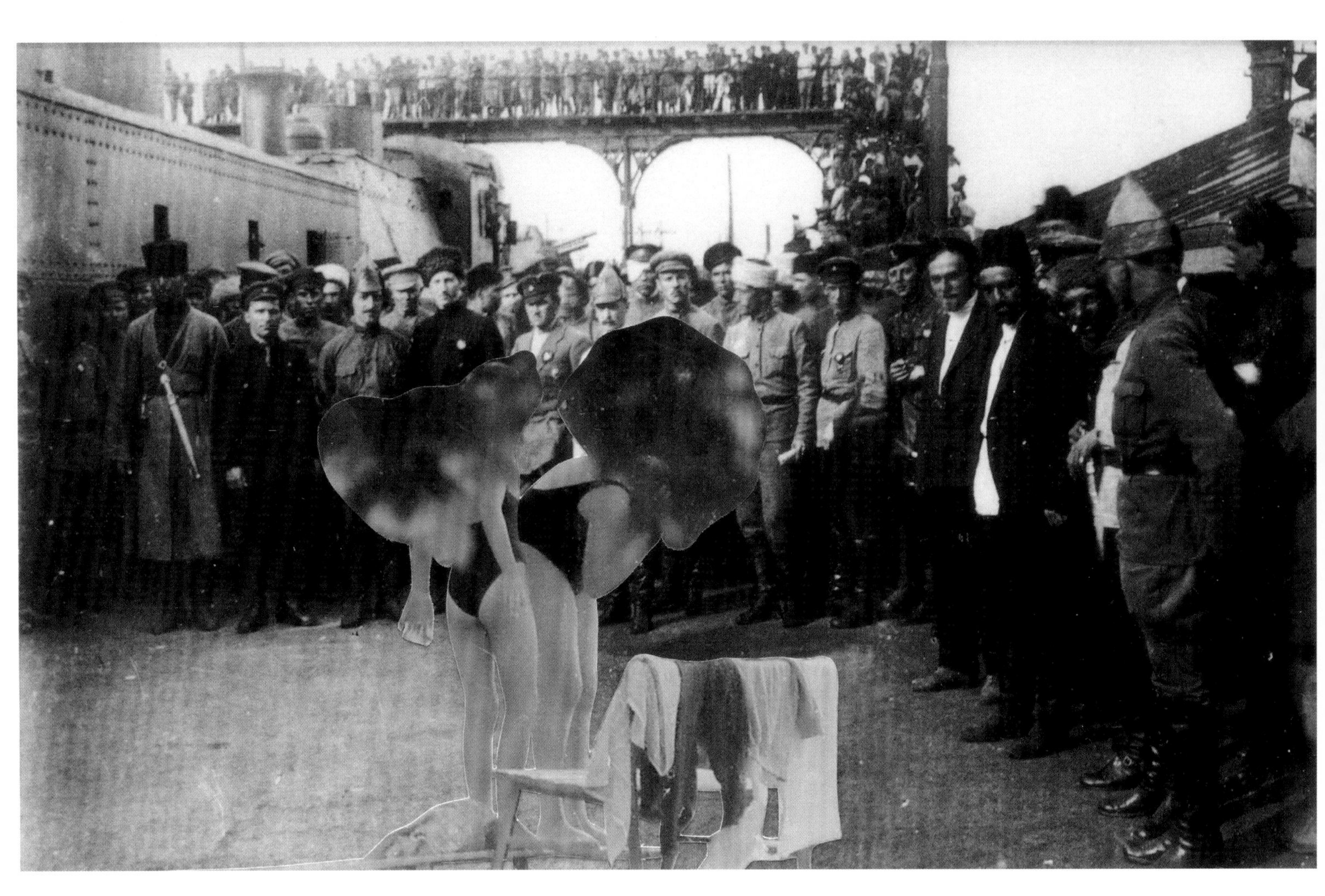

Soldiers of the Eleventh Red Army with Political Advisors at the Train Station in Baku, 2013

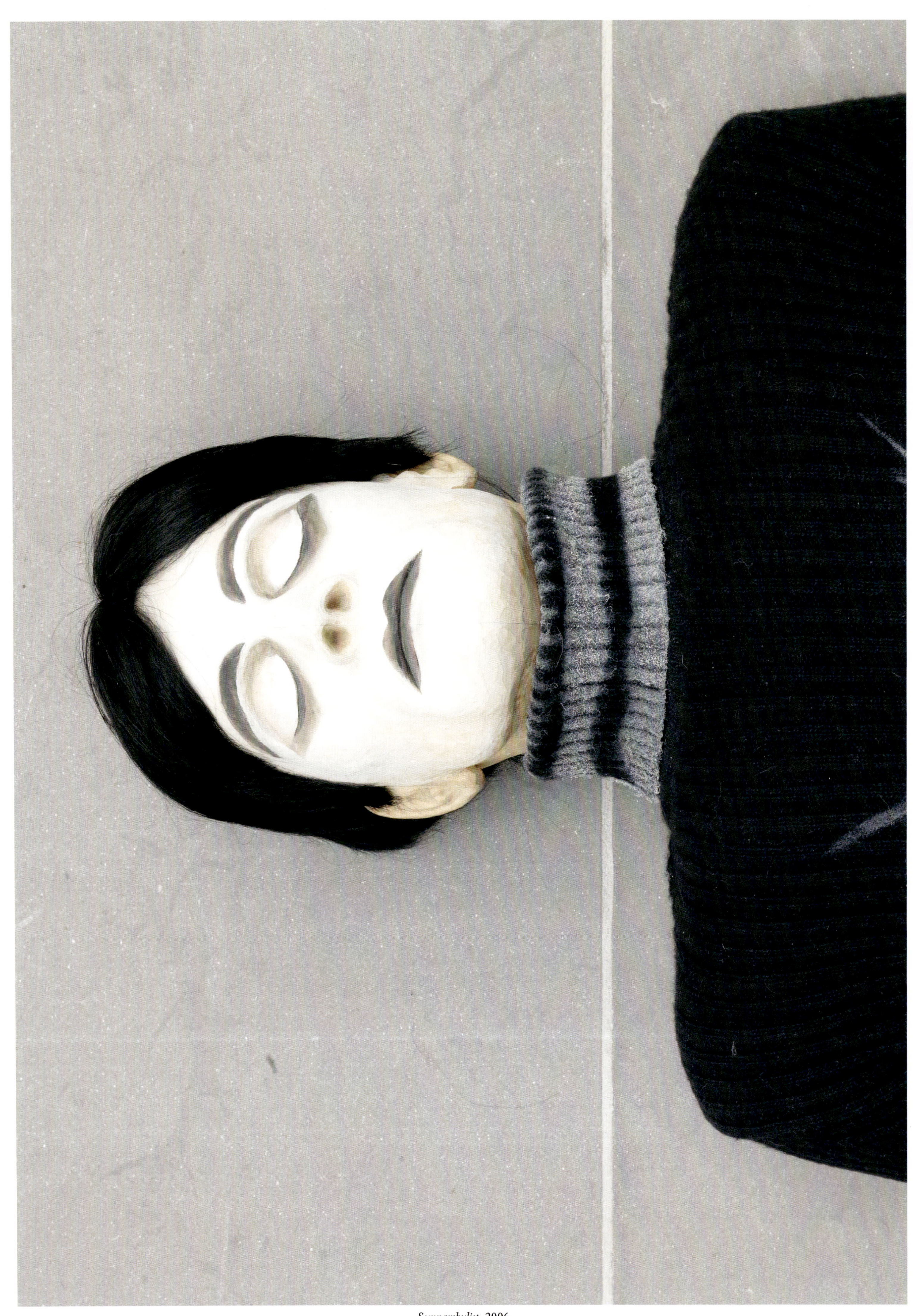

Somnambulist, 2006

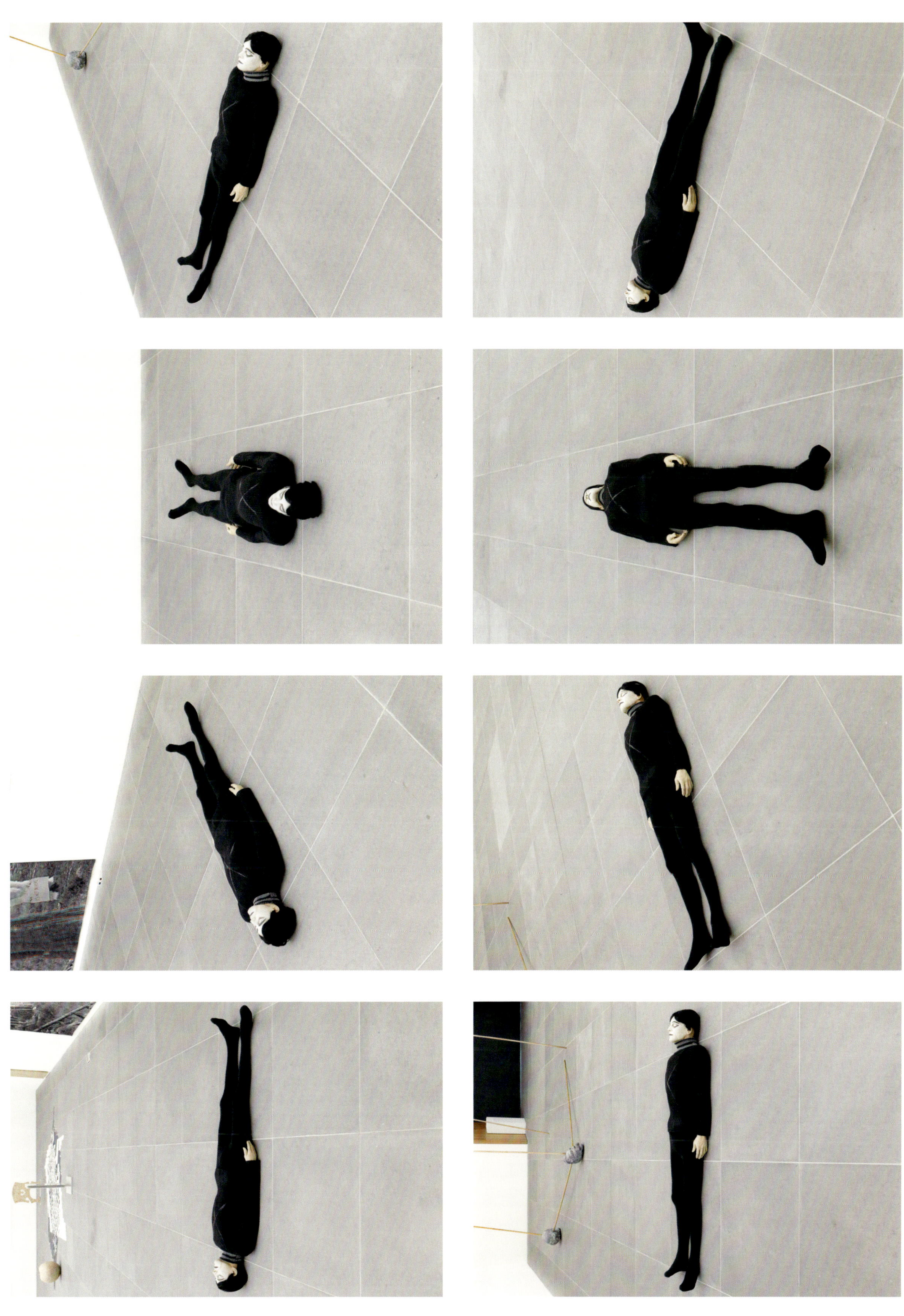

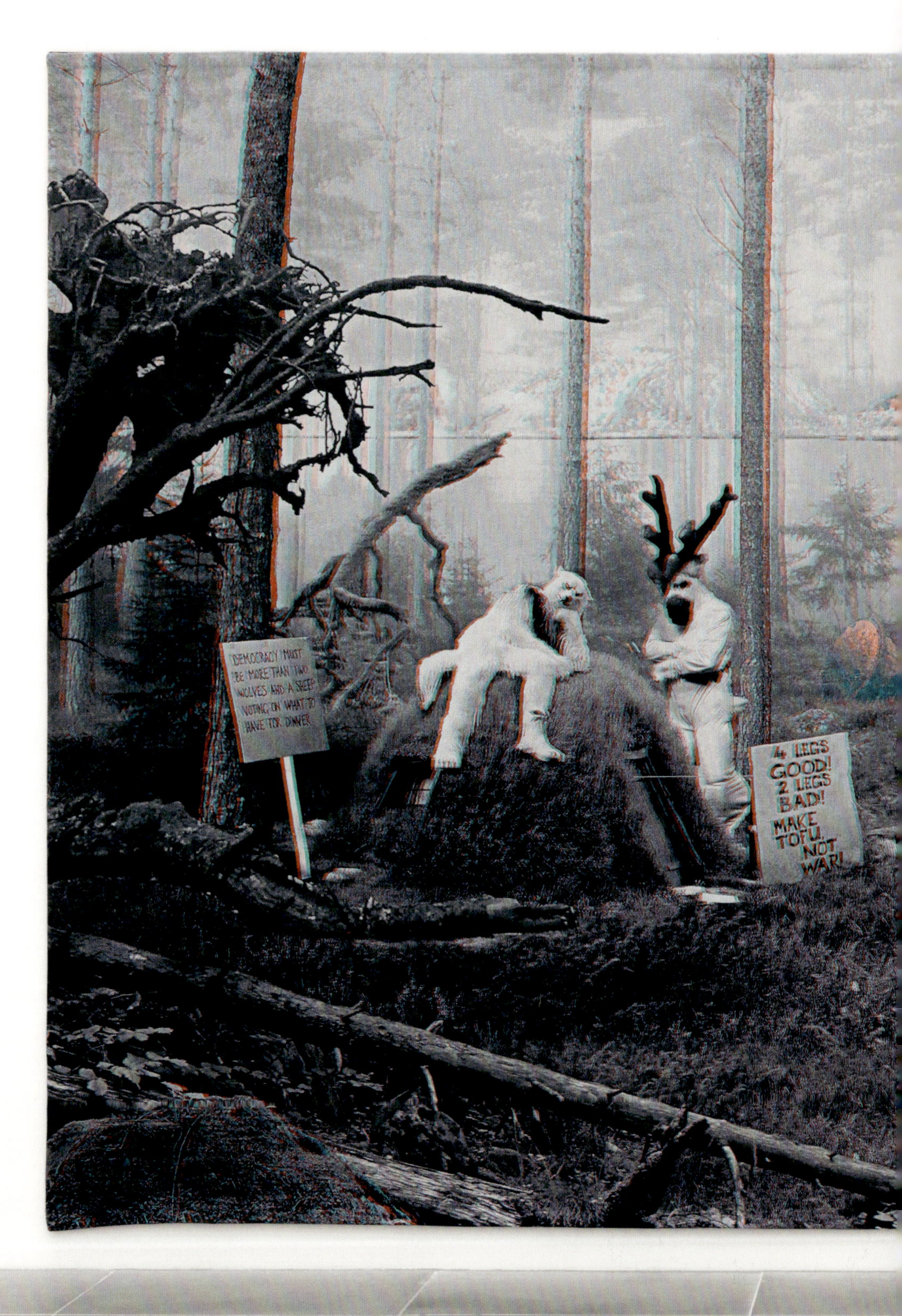
DEMOCRACY MUST
BE MORE THAN TWO
WOLVES AND A SHEEP
VOTING ON WHAT TO
HAVE FOR DINNER
4 LEGS
GOOD!
2 LEGS
BAD!
MAKE
TOFU,
NOT
WAR!

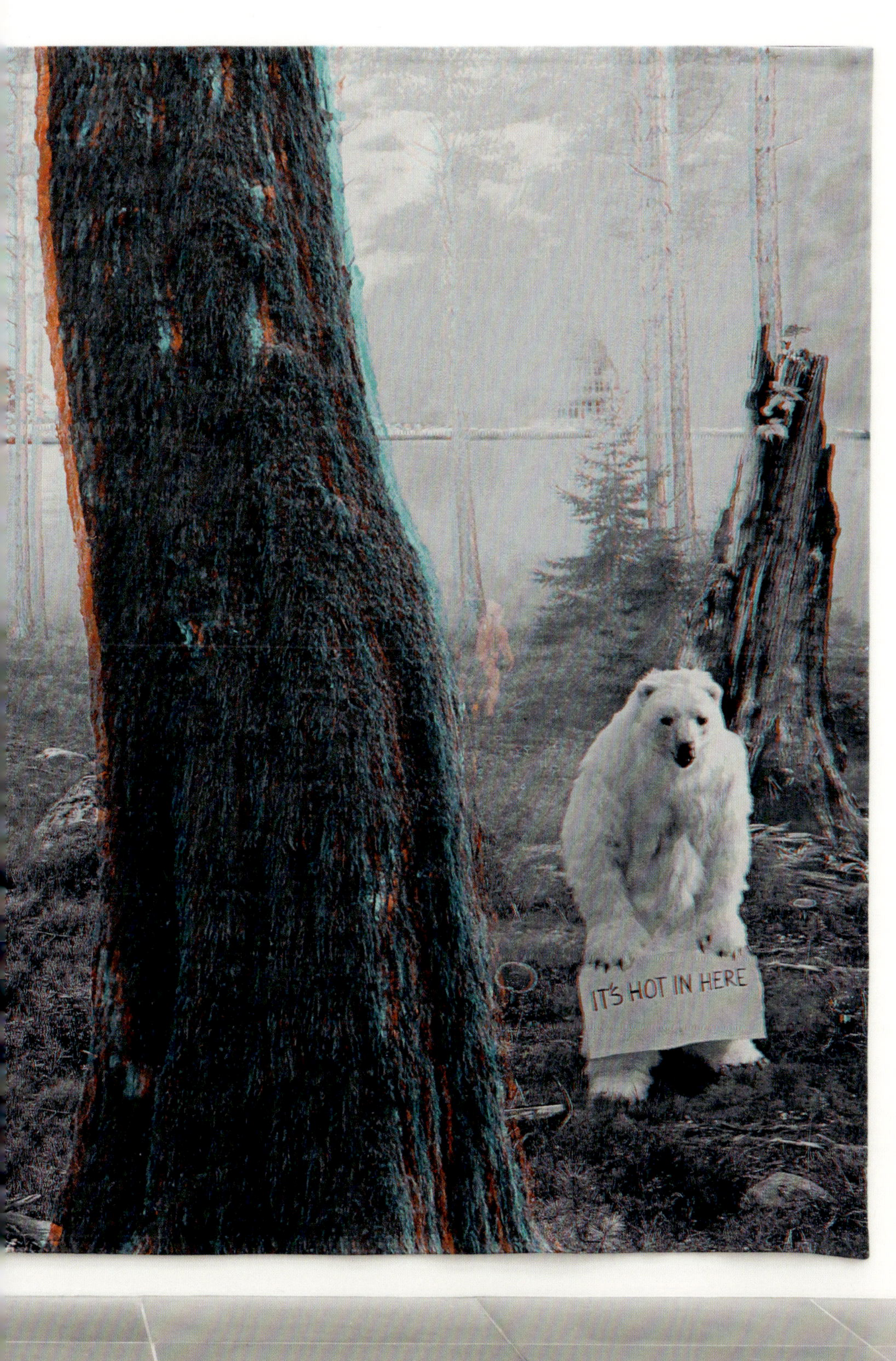

Make Tofu Not War, 2018

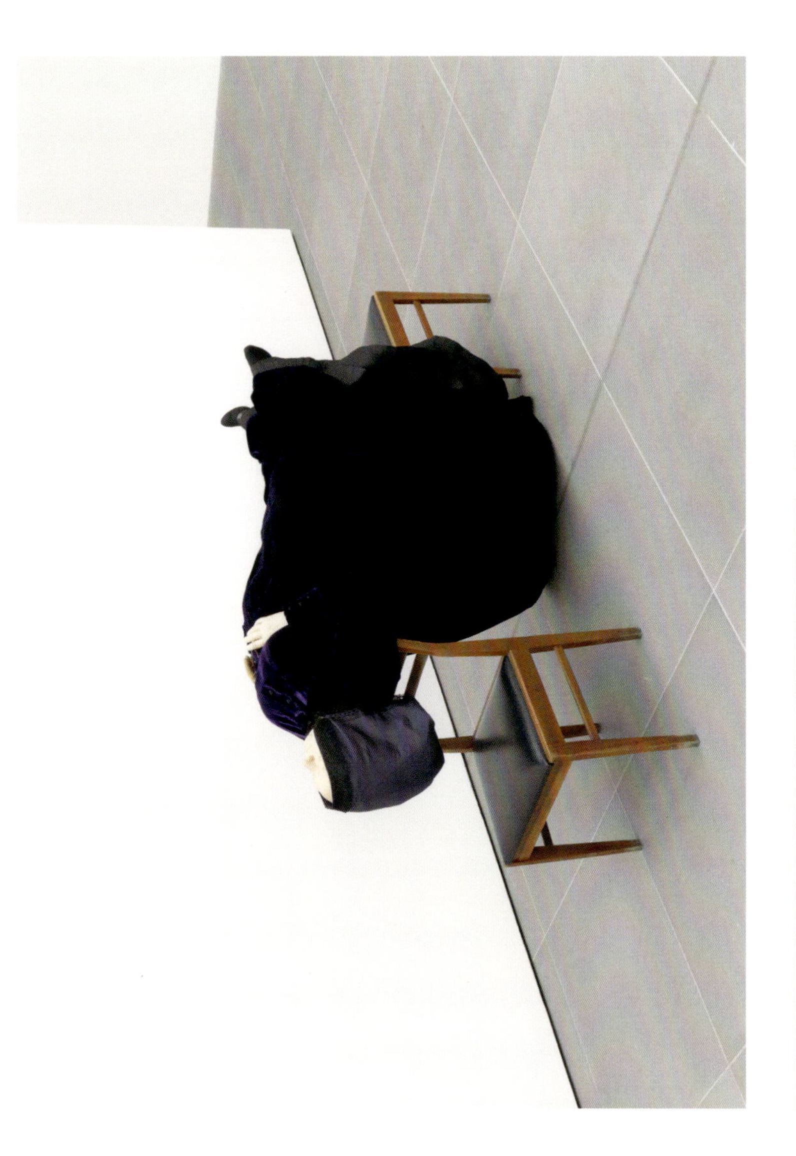
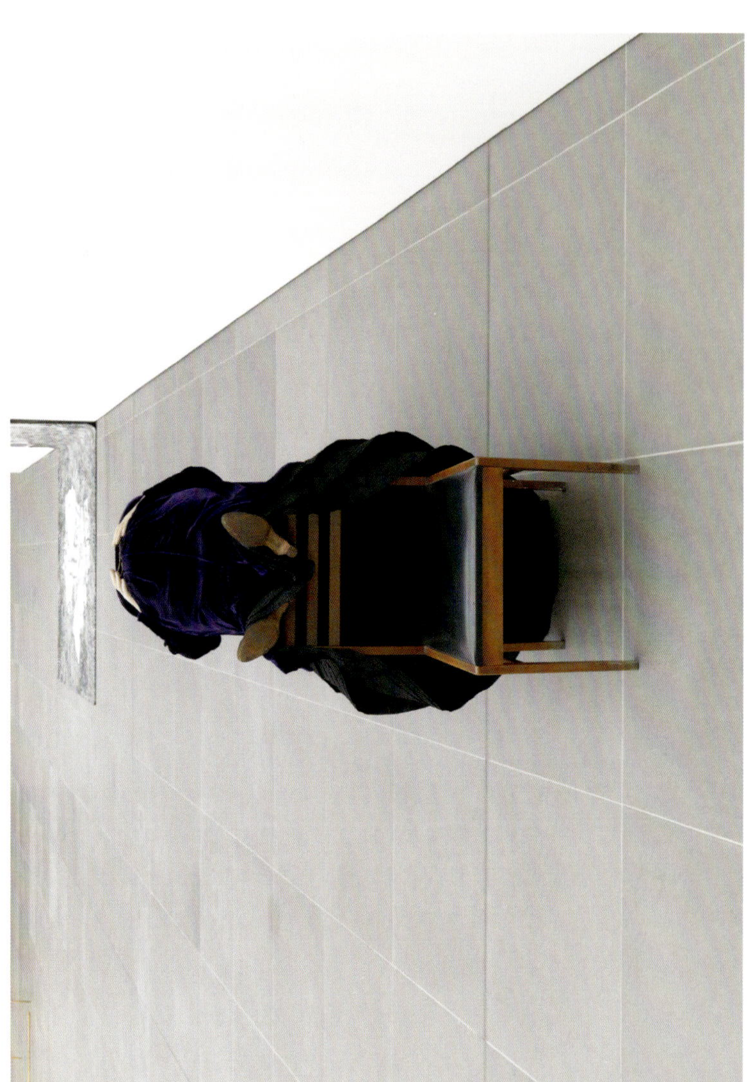
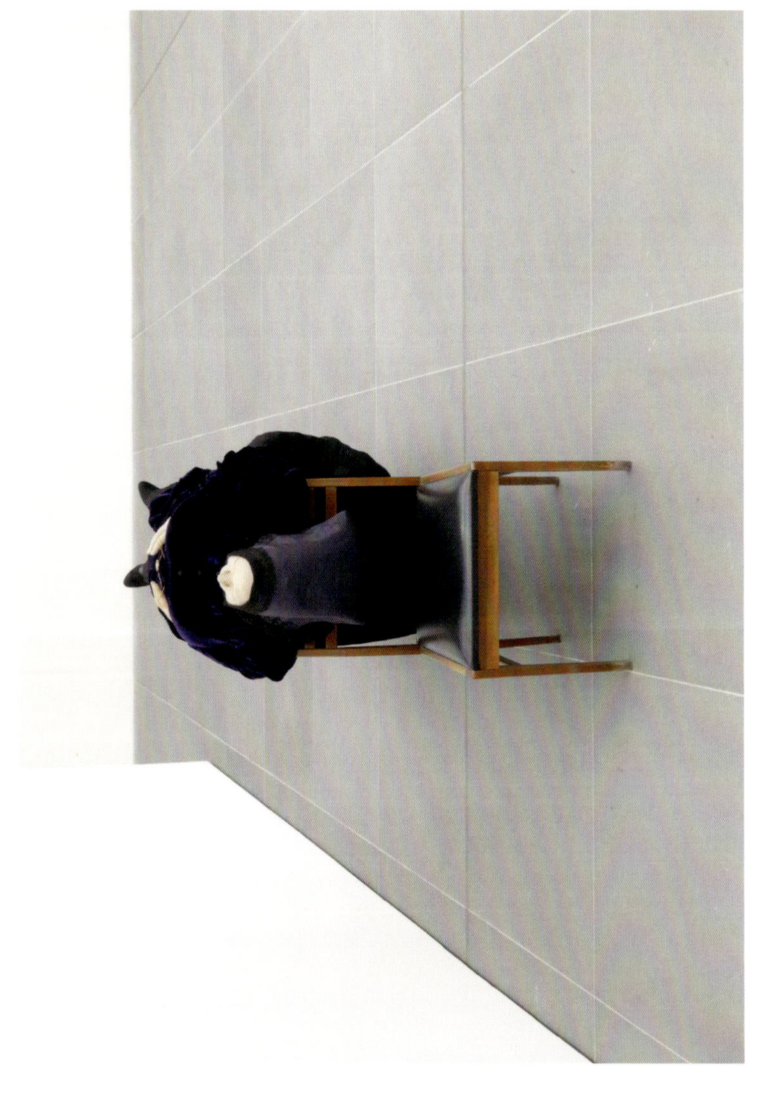
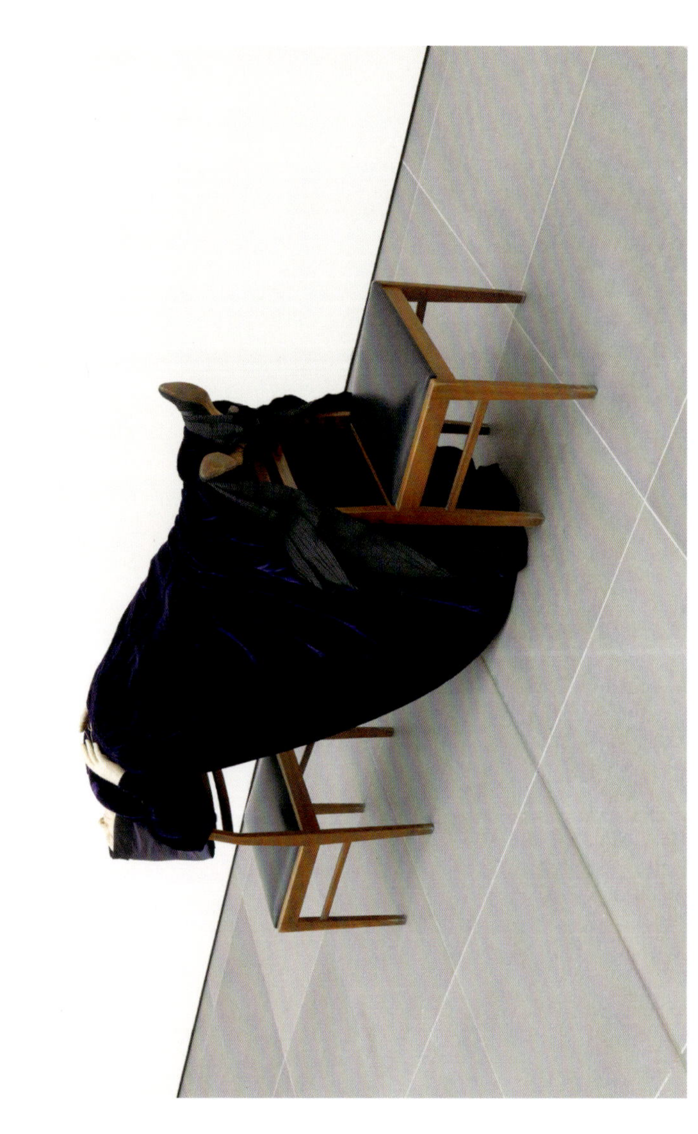

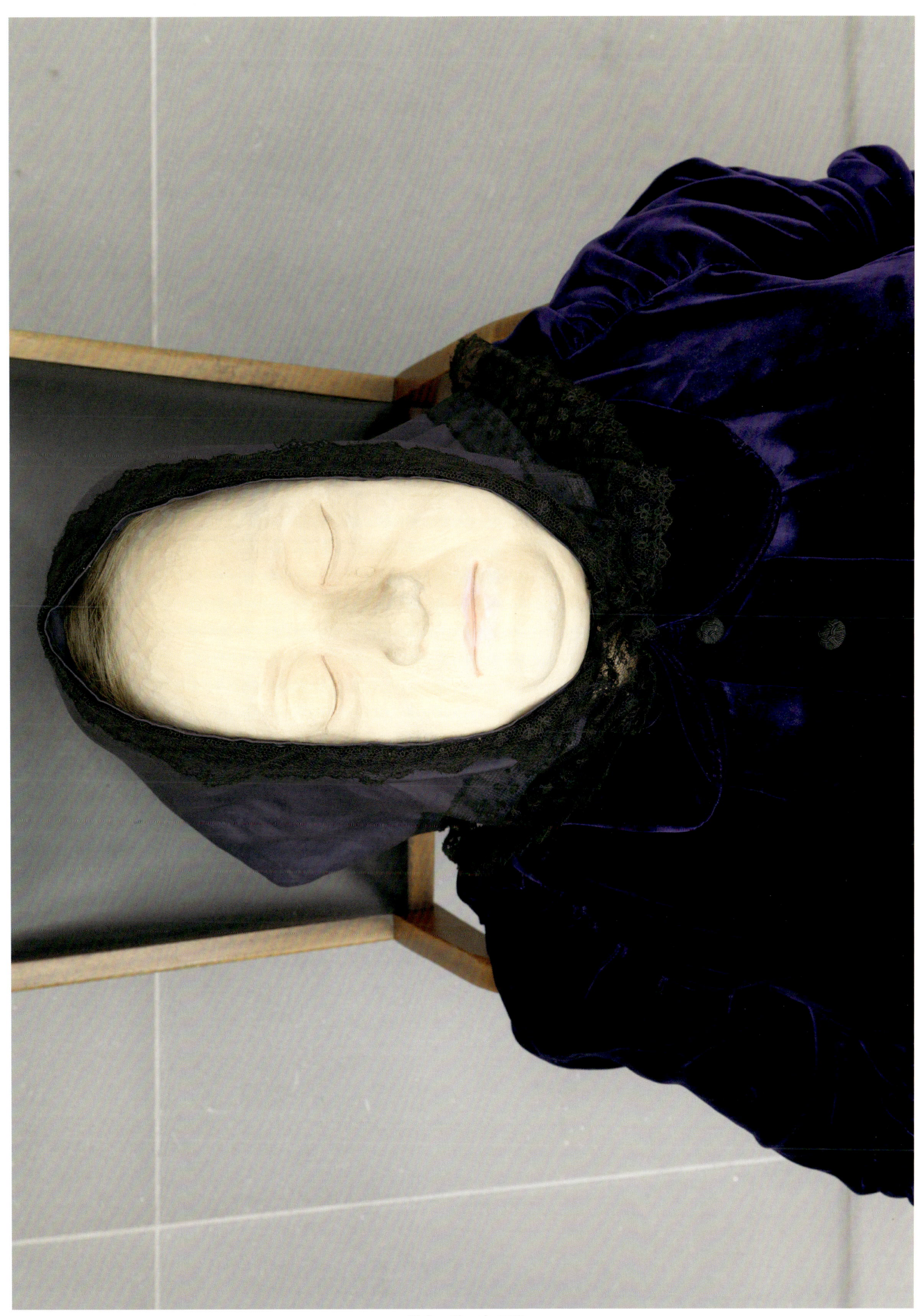

Madame Blavatsky, 2007

Jiří Kolář (1914–2002), *Hommage à Christian Morgenstern*, Triptych, 1965–1966

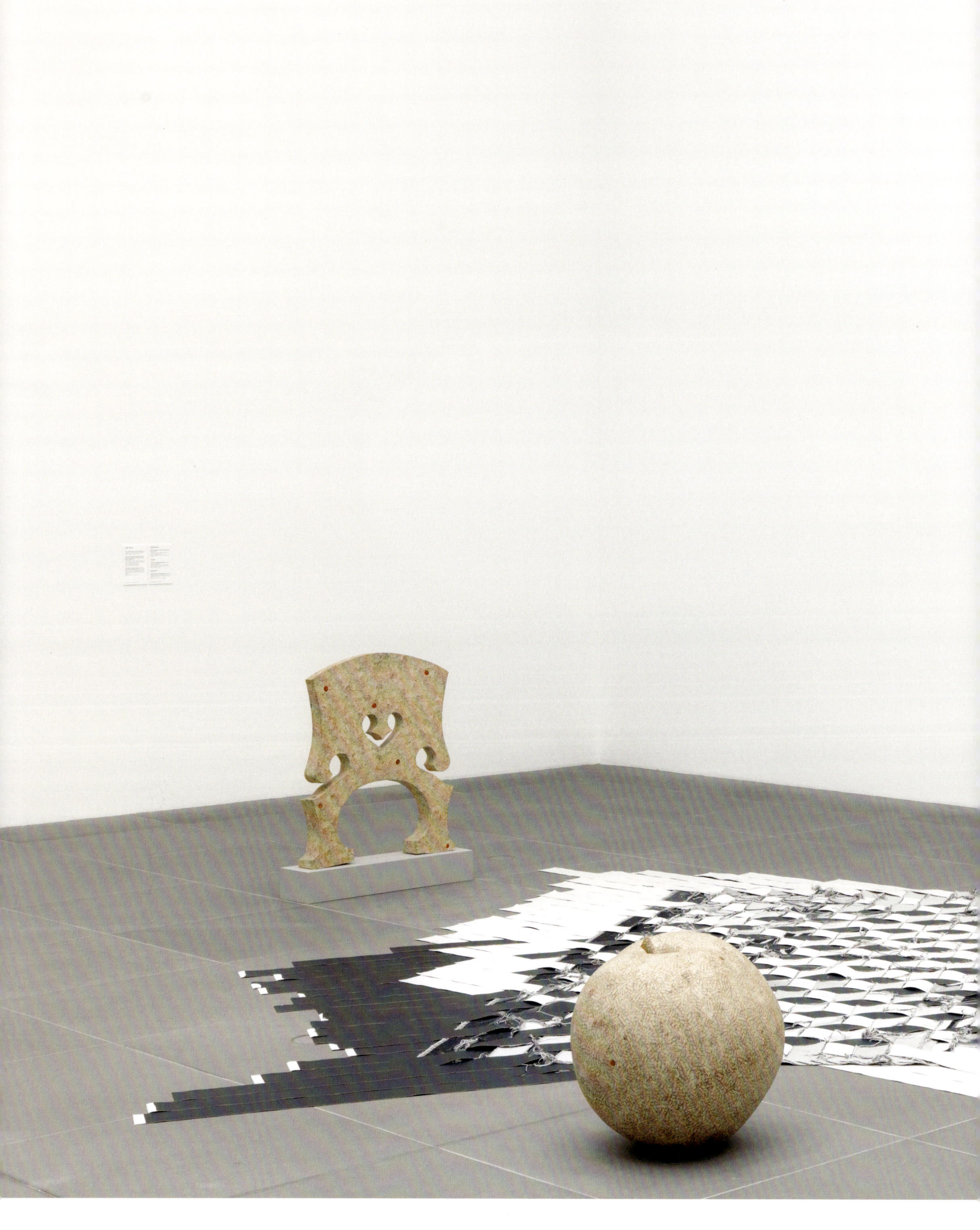

Běla Kolářová (1923–2010), *Large Fastener I–II (Triangle-shaped)*, Diptych, 1971

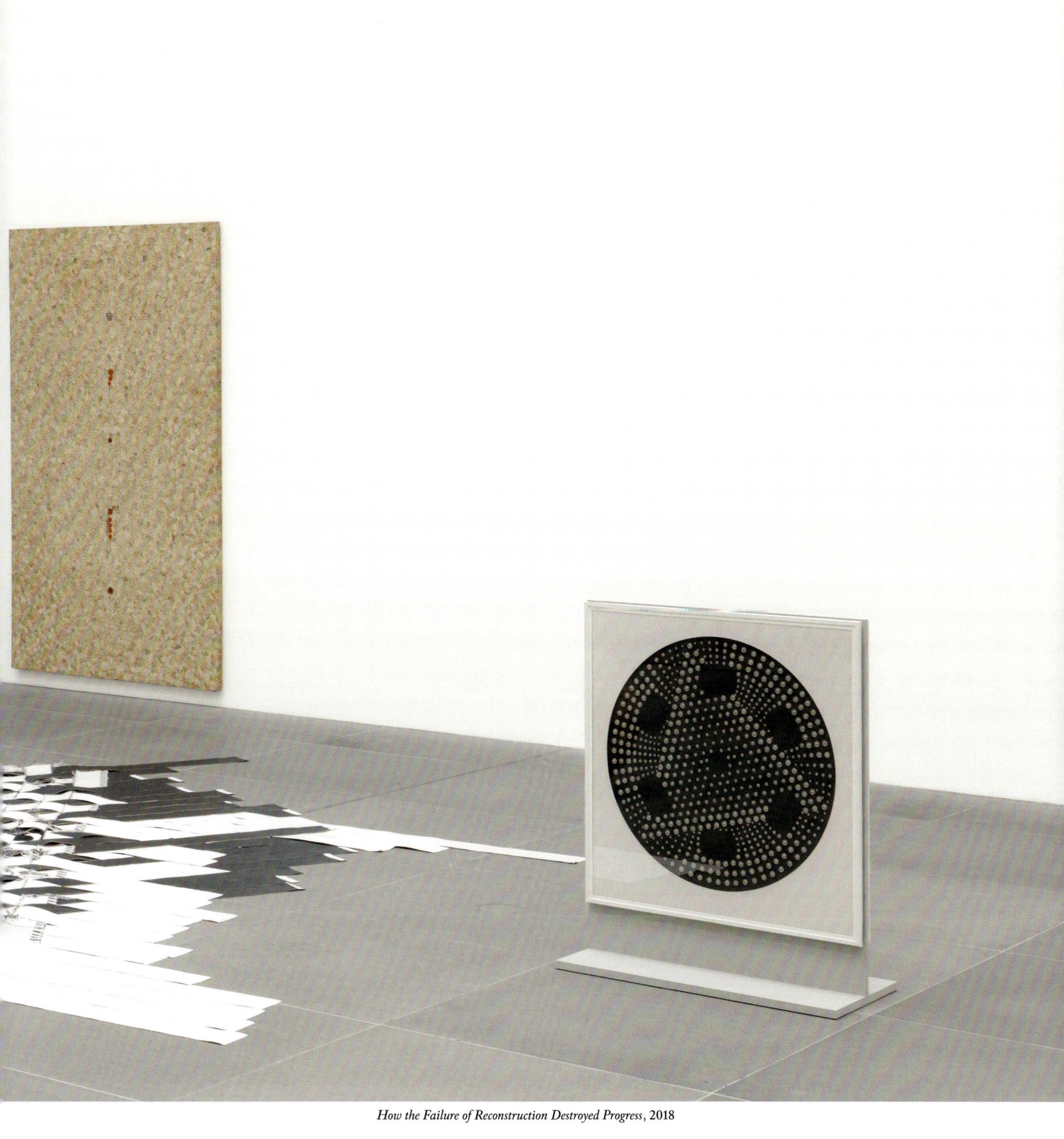

How the Failure of Reconstruction Destroyed Progress, 2018

Mirror After Duchamp's Occultist Witness, 2003

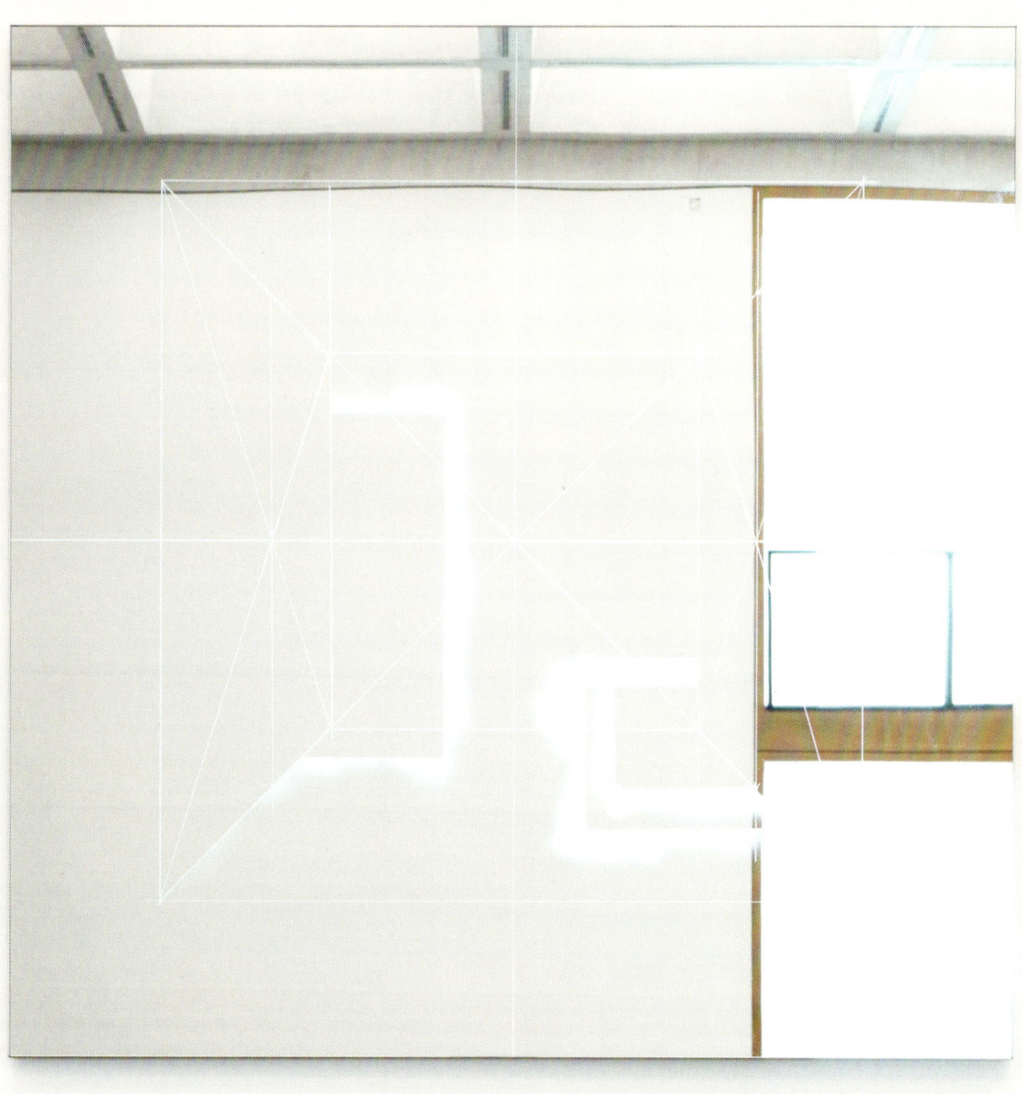

Drawing no 3. 'System of Organizing a First and Second Category Point in Space' After K. Malevich (1922), 2003/2007

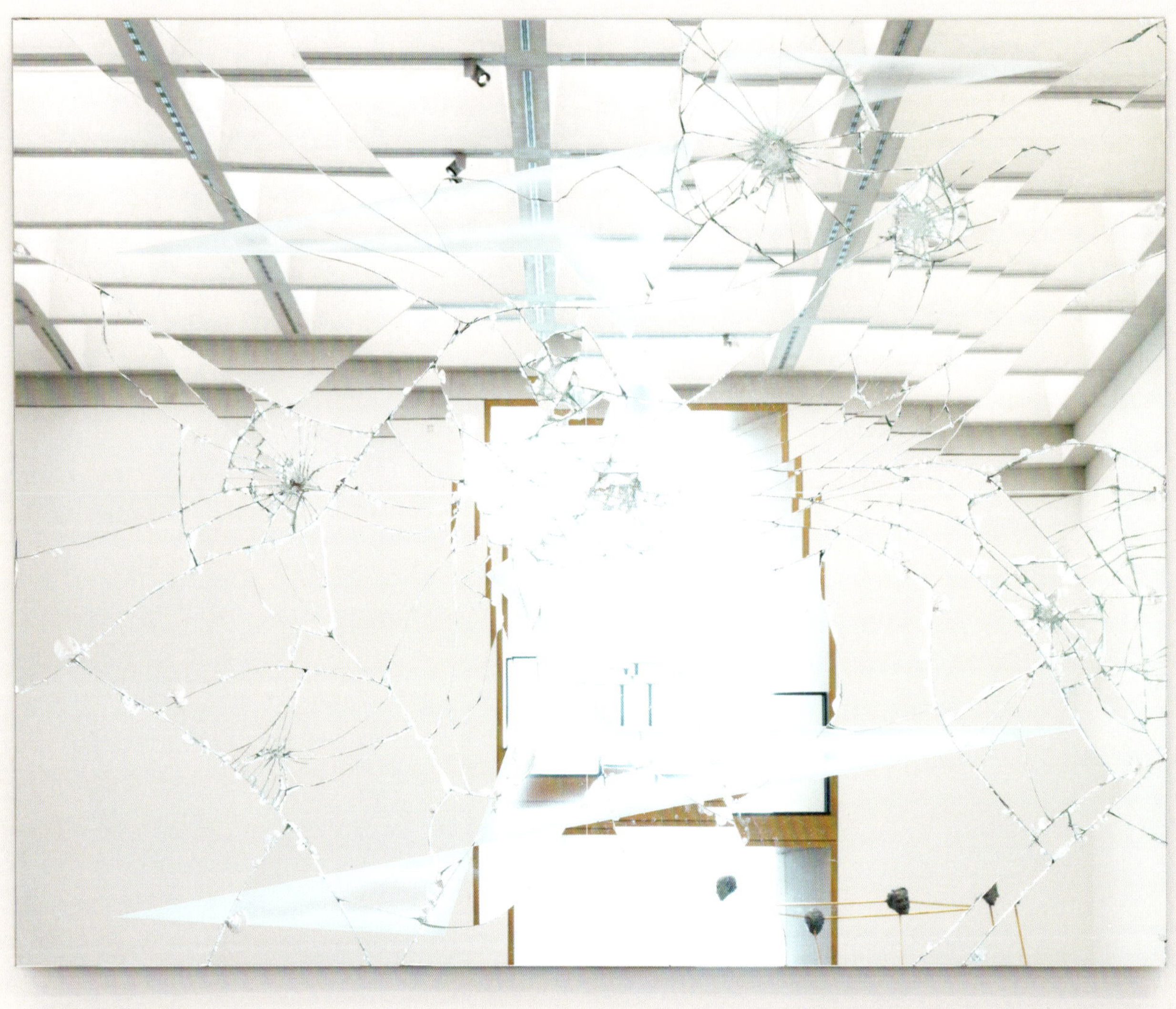

Drawing no 4. 'Path of Movement of a Point' After K. Malevich (1922), 2003/2007

Interview with Goshka Macuga

Interview mit Goshka Macuga

How did you create the structures of the *International Institute of Intellectual Co-operation*? How do the great thinkers fit together? Some of them are very widely known, others not—how did you start or categorize your research?

In a letter written in 1932, Albert Einstein invites Sigmund Freud to a frank exchange of views on the destructive nature of humankind. Einstein was at the time a leading member of the organization known as the *International Institute of Intellectual Co-operation*, founded in 1926 as an advisory body for the League of Nations, which aimed to promote intellectual exchange between international scientists, researchers, teachers, artists and other cultural figures. The Institute found purpose, in part, in offering a greater range of intellectual experience towards resolving the problems of a fragmented Europe caught between two world wars. Later, as Europe found peace and gradually formed a union, the institute dissolved. I have tried to bring the idea of such an intellectual exchange to life, both by making the original set of sculptures and by building an *IIIC Pavilion* (*Pavilion for International Institute of Intellectual Co-operation*, 2016) to house such conversations.

Collaborations are important for you. When and how did you start to implement this practice in your work?

Collaboration has been a large part of my practice, in both my past and current projects. In the 1990s, when I studied at Goldsmiths, art students were very much involved in the management of their own scene, and lots of us would do exhibitions in our homes and studios. An exhibition would involve a number of people, who would then invite more people for the next chapter and then on to the next one. This is the model I followed in my first curatorial house shows. I was fascinated with how the context of a domestic environment reflected on the work, how the work fitted into it, how people produced ideas in relationship to each other, and how this culminated in a reading of the work collectively. I scrutinized all of this and then made a decision to commit to this as a strategy: dealing with the dynamic of context, creating a context, using something else to influence the context that is provided. By then I was making some pieces of my own art in a bigger environment, borrowing things such as artworks and objects—it was a big operation but on a very small budget. This went on for quite a long time, and then I was invited to create these works in gallery spaces run by other artists: I did a show at the Transmission Gallery in Glasgow (*Homeless Furniture*, 2002), I went to Sweden to present *Cave*, (Kunstakuten, Stockholm, 2000), then I made work for Fundacja Galerii Foksal (*Untitled*, Warsaw, Poland, 2002). My practice wasn't so much based on a British scene; I'd already started doing things abroad, which was pretty great for a young artist. It's very difficult for an artist to produce work only within the British context as the opportunities that exist there are limited.

From then on, the work became much more complicated; I wasn't only working with friends, I was also borrowing pieces from collections, I was doing research in different museums. The high point of this, and where I really became recognized as an artist, was the exhibition I did in 2006 in Liverpool (*Sleep of Ulro*, A-Foundation), where I really pushed myself to explore how I could work as an artist, how I could develop my practice and really exercise my working methodologies. *Sleep of Ulro* involved so many collaborations with other artists, as well as relationships with different collectors and museums, and this has been such an important element in my working practice—the development of these different relationships. The involvement of other people means that of course you end up

Wie hast Du die Strukturen des *International Institute of Intellectual Co-operation* aufgebaut? Wie passen
große Denker zusammen? Einige von ihnen sind sehr bekannt, andere nicht – wie hast Du Deine
Forschung begonnen und kategorisiert?

In einem Brief aus dem Jahr 1932 lädt Albert Einstein Sigmund Freud
zu einem offenen Meinungsaustausch über das destruktive Wesen
des Menschen ein. Einstein war damals ein führendes Mitglied der
Organisation, die als *International Institute of Intellectual Co-operation*
bekannt war, gegründet 1926 als Beratungsgremium für den Völker-
bund, mit dem Ziel, den intellektuellen Austausch zwischen
internationalen Wissenschaftlern, Forschern, Lehrenden, Künstlern
und anderen kulturellen Akteuren zu fördern. Das Anliegen des
Institutes war es unter anderem, ein breiteres Spektrum an
intellektueller Erfahrung einzubringen, um die Probleme eines
fragmentierten Europas zwischen den beiden Weltkriegen zu lösen.
Später, als Europa Frieden fand und nach und nach eine Union bildete,
löste sich das Institut auf. Ich habe versucht, die Idee eines solchen
intellektuellen Austauschs wiederzubeleben, indem ich die ursprüng-
liche Gruppe von Skulpturen geschaffen und einen *IIIC-Pavilion*
(*Pavilion for International Institute of Intellectual Co-operation*, 2016)
gebaut habe, in dem solche Gespräche stattfinden können.

Zusammenarbeit und Kooperationen sind Dir wichtig. Wie und wann hast Du angefangen, diese in
Deine künstlerische Praxis einzubeziehen?

Kooperationen sind schon immer ein wichtiger Teil meiner Praxis,
sowohl bei früheren als auch bei aktuellen Projekten. In den 1990er
Jahren, als ich am Goldsmiths studierte, waren Kunststudierende
sehr engagiert dabei, die eigene Szene zu verwalten, und viele von
uns veranstalteten bei uns zu Hause oder in unseren Ateliers
Ausstellungen. An einer Ausstellung waren meist etliche Leute
beteiligt, die dann für das nächste Kapitel weitere Leute einluden,
und dann weiter zur nächsten. Dies war dann das Modell, dem ich
bei meinen ersten kuratorischen Ausstellungen in Privaträumen
gefolgt bin. Ich war fasziniert davon, wie der Kontext einer
häuslichen Umgebung sich auf die Arbeit ausgewirkt hat, wie die
Arbeit sich dort eingepasst hat, wie Menschen Ideen in Beziehung
zueinander produzieren und wie sich dies in einer kollektiven
Interpretation der Arbeit niederschlägt. Ich habe all dies untersucht
und mich dann entschieden, mich auf diese Strategie festzulegen:
Mich mit der Dynamik des Kontexts auseinanderzusetzen, einen
Kontext zu schaffen und etwas zu verwenden, um den vorgegebenen
Kontext zu beeinflussen. Zu diesem Zeitpunkt machte ich dann
eigene Kunstwerke in einer größeren Umgebung und setzte dabei
Kunstwerke wie auch Objekte ein – es war ein großes Unterfangen
mit einem sehr kleinen Budget. Dies lief dann eine ganze Weile so,
und dann wurde ich eingeladen, diese Arbeiten in Galerieräumen
zu realisieren, die von anderen Künstlern organisiert wurden:
Ich hatte eine Ausstellung in der Transmission Gallery in Glasgow
(*Homeless Furniture*, 2002), in Schweden präsentierte ich *Cave*
(Kunstakuten, Stockholm, 2000), dann habe ich eine Arbeit für die
Fundacja Galerii Foksal gemacht (*Ohne Titel*, Warschau, 2002).
Meine künstlerische Praxis basierte nicht so sehr auf der britischen
Szene; ich hatte schon angefangen, Dinge im Ausland zu machen,
was für eine junge Künstlerin ziemlich toll war. Es ist sehr schwierig,
als Künstlerin nur innerhalb des britischen Kontexts Arbeiten zu
produzieren, denn die Möglichkeiten, die es dort gibt, sind begrenzt.
Ab da wurde die Arbeit sehr viel komplizierter; ich arbeitete
nicht nur mit Freundinnen und Freunden, ich lieh mir auch Arbeiten
aus Sammlungen aus und recherchierte in unterschiedlichen
Museen. Der Höhepunkt all dessen war – und dort bekam ich dann

doing things that you maybe wouldn't have done by yourself.
My collaboration with Patrick Tresset for the drawings of *Before the Beginning and After the End* in 2015 has allowed me to explore another aspect of collaborative process. Our relationship was not based on joint research or the development of a theme for a work of art, but rather a straightforward logistical task. I could never have done by myself what we did together. Patrick has a knowledge of robotics and a very interesting approach to technology and human creativity and the skills to apply it to actual making. I had not previously engaged with working in such a sophisticated medium. I guess the whole process was very challenging for both of us for many reasons, but mainly because of the scale of the project. It was certainly very rewarding to see the final work at the end after struggling for months to make it happen.

How has this collaborative practice evolved?

Since then I have collaborated with a theatre director on the production of an opera. I have also worked with a few dancers and choreographers, as well as fashion designers. I am currently in the process of finalising a work that summarizes my long-term plan to collaborate with leading scientists from around the world, which will be presented in Bildmuseet in Umeå. Collaboration in its best form is about a chemistry you can have with another person that materializes in the birth or creation of a new idea. Usually the outcome is much greater when the expectation to produce a work at the end of the process is a choice rather than an obligation.

Before the Beginning and After the End (2016) is based on an institutional collaboration with different works loaned for each new venue. The exhibition at Neues Museum is the second time this large project has been shown.

It is always interesting for me to see my past projects come together in new locations. Each work represents much more to me than the viewer could ever anticipate. Among other things, it's a journey through a large amount of research material. Many of the works I produce strongly relate to the context of the institution for which they were originally made; its history, location or sometimes its collection. Moving the works to new contexts often requires me to rethink the arrangements of the work but also its contents. In some of the installations I use other artists' works or artworks borrowed from local collections or from the commissioning institutions. The reason that I address context in my work, or rather that I place such emphasis on context in my work, is the same reason I consider it important to change the display in different situations. It feels similar to what Walter Benjamin talks about when he describes the medium of film as having the ability to bring together different histories into one plane of action. By bringing my works together in a new context, different narratives are automatically brought into dialogue and this creates a greater complexity within the work even if the spirit of the original setting is absent.

How does the work itself change once the context changes?

For the first presentation of this work at Prada Foundation Milan in 2016, I borrowed pieces ranging from a 3000-year-old fragment of sculpture from the Egyptian department at the Louvre to more contemporary works from MoMA, as well as some from European museums. For this second show, I strictly looked to the historical collections of Germanisches Nationalmuseum (GNM) and the

auch als Künstlerin wirklich Anerkennung – die Ausstellung, die ich
2006 in Liverpool gemacht habe (*Sleep of Ulro*, A-Foundation), die
versuchte auszuloten, wie ich als Künstlerin arbeiten kann, wie ich
meine Praxis entwickeln und meine Arbeitsmethoden ausprobieren
und anwenden kann. Für *Sleep of Ulro* gab es so viele Kooperationen
mit anderen Künstlerinnen und Künstlern wie auch Beziehungen
zu unterschiedlichen Sammlern und Museen, und dies ist ein so
wichtiges Element in meiner Arbeitspraxis – die Entwicklung all
dieser unterschiedlichen Beziehungen. Andere Menschen zu
involvieren bedeutet natürlich, dass man Dinge tut, die man vielleicht alleine nicht getan hätte. Meine Kooperation mit Patrick
Tresset für die Zeichnungen von *Before the Beginning and After the End*
im Jahre 2015 hat es mir ermöglicht, einen weiteren Aspekt des
kooperativen Prozesses zu erkunden. Grundlage unserer Beziehung
waren nicht gemeinsame Recherche oder die Entwicklung eines
Themas für ein Kunstwerk, sondern vielmehr eine konkrete
logistische Aufgabe. Was wir zusammen gemacht haben, hätte ich nie
allein tun können. Patrick hat ein enormes Wissen über Robotik
und eine sehr interessante Herangehensweise an Technologie und
menschliche Kreativität – und die Fähigkeiten, all dies für ein
tatsächliches Produzieren einzusetzen. Ich hatte mich zuvor noch nie
damit auseinandergesetzt, in einem solch komplexen Medium zu
arbeiten. Ich denke, der ganze Prozess war aus vielerlei Gründen für
uns beide eine große Herausforderung, vor allem auch wegen des
großen Umfangs. Schließlich die fertige Arbeit zu sehen, nachdem
wir monatelang damit gekämpft hatten, war sehr schön.

Wie hat sich diese kooperative Praxis weiterentwickelt?
    Seitdem habe ich mit einem Theaterregisseur bei der Inszenierung
einer Oper zusammengearbeitet. Ich habe auch mit einigen Tänzern
und Choreografen wie auch Modedesignern zusammengearbeitet.
Aktuell bin ich dabei, eine Arbeit abzuschließen, die meinen lang-
fristigen Plan zusammenfasst, mit führenden Wissenschaftlerinnen
und Wissenschaftlern aus der ganzen Welt zusammenzuarbeiten;
diese Arbeit wird im Bildmuseet in Umeå gezeigt werden. Bei
Kooperationen, wenn sie wirklich glücken, geht es um eine Chemie,
die man mit einer anderen Person haben kann, die sich in der Geburt
oder Erschaffung einer neuen Idee materialisiert. Meistens ist das
Ergebnis viel großartiger, wenn die Erwartung, am Ende eine Arbeit
zu produzieren, eine freie Entscheidung und keine Verpflichtung ist.

Before the Beginning and After the End (2016) basiert auf einer institutionellen Kooperation, bei der für jeden
Ort unterschiedliche Arbeiten ausgeliehen werden. Die Ausstellung im Neuen Museum ist das zweite
Mal, dass dieses große Projekt gezeigt wird.
    Es ist für mich immer interessant zu sehen, wie meine früheren
Projekte an neuen Orten zusammenkommen. Für mich stellt
jede Arbeit viel mehr dar, als der Betrachter sich jemals vorstellen
kann. Unter anderem ist es eine Reise durch eine große Menge an
Recherchematerial. Viele der Arbeiten, die ich produziere, beziehen
sich stark auf den Kontext der Institution, für die sie ursprünglich
gemacht wurden, deren Geschichte, ihren Ort oder manchmal ihre
Sammlung. Die Arbeiten in neue Kontexte zu stellen bedeutet, dass
ich mir die Arrangements der Arbeiten neu überlegen muss, aber
auch ihren Inhalt. In manchen der Installationen verwende ich
Arbeiten anderer Künstlerinnen und Künstler oder Kunstwerke, die
von lokalen Sammlungen oder den Institutionen stammen, die mich
beauftragt haben. Der Grund, warum ich in meiner Arbeit Kontext
anspreche, ist derselbe Grund, aus dem es mir wichtig ist, die

collection of contemporary works from Neues Museum Nuremberg (NMN). There are also further objects that belong to me.

The choreography of *Before the Beginning and After the End* and its display suggests that humans may no longer be the audience for this piece, but rather that the whole situation is instigated by another type of intelligence that is studying the remains of human culture. This can be situated anywhere on Earth or beyond. Bringing the work to Nuremberg opens the possibility of seeing it in this particular context of German history and for that I decided to replace objects from the first show with material from the NMN and GNM collections.

The GNM and the NMN are two quite different museums located in the historical centre of Nuremberg. Was working with their unique objects and engaging in a collaboration between these two collections stimulating?

The collections of these two museums are very specific and interesting in their own, equal right. The collection of NMN focuses more on contemporary art, which feels more familiar to me in a general sense. Large parts of the collection are dedicated to Eastern European art including Polish artists such as the iconic Tadeusz Kantor. Some of the works, such as pieces created by Jiří Kolář, are a fascinating discovery for me. I used a set of his works in my exhibition for which I provided a special display platform in the form of a new artwork. I also used some of the works for my installation *Before the Beginning and After the End*. My first visits to the museum were particularly memorable, precisely because of its collection and the attention to the display of the artworks, as well as the beauty of the building.

The GNM is vast and the pieces on display are exquisite. We are borrowing a copy of one of the most precious objects on the display there: the Golden Cone of Ezelsdorf-Buch. It's a completely unique piece that grabs your attention—it literally sticks out each time you visit the protohistory/Bronze Age room. I'm very curious to see it displayed with my work among other findings on the scrolls. This piece will definitely steal the show!

Each collection represents a different period of German history and I guess that's the perspective I'm interested in pursuing. I have been mostly intrigued by the process of recontextualising some of the site-specific works for this exhibition. I have certainly not attempted to engage with or categorize the collections of the two museums, but instead have looked for objects that fit into the narrative of my work.

During preparations for the exhibition, you mentioned that your project *Before the Beginning and After the End* functions like "looking from the future into the past". In this setting it could be a species or intelligence other than our own investigating the leftovers of humanity. What is it that makes post-humanism so appealing? Or is it the unknown of the future that inspires you?

I thought it might be interesting to address the question of 'the beginning' and 'the end' in a broader context. Scientists and thinkers have been trying to define humanity for centuries but we are now at a stage where the questioning has turned towards whether we are post-human, or if perhaps we are reaching the end of our existence. In this trajectory of thought there are of course many ecological issues about resources and the environment, but there's also a historical strand of human thought, stretching back beyond the Greek philosophers, that reflects on our concern with the idea of the end. We humans have always feared this, but we have perhaps never come so close to it.

Installation in unterschiedlichen Situationen zu verändern. Das
ähnelt dem, wovon Walter Benjamin spricht, wenn er das Medium
Film als etwas beschreibt, das die Fähigkeit hat, unterschiedliche
Geschichten auf eine Handlungsebene zu heben. Wenn ich meine
Arbeiten in einem neuen Kontext zusammenbringe, werden
automatisch unterschiedliche Narrative in einen Dialog eingebracht,
und dies führt zu einer größeren Komplexität innerhalb der Arbeit,
selbst wenn der Geist der ursprünglichen Umgebung nicht da ist.

Wie verändert sich die Arbeit selbst, wenn der Kontext sich verändert?

Für die erste Präsentation dieser Arbeit in der Fondazione Prada in
Mailand 2016 lieh ich Arbeiten aus, das Spektrum reichte von einem
3000 Jahre alten Skulpturenfragment aus der Ägyptenabteilung des
Louvre bis hin zu zeitgenössischeren Arbeiten aus dem MoMA wie
auch aus einigen europäischen Museen. Für diese zweite Ausstellung
habe ich mich ausschließlich auf die historischen Sammlungen des
Germanischen Nationalmuseums (GNM) und die Sammlung
zeitgenössischer Werke aus dem Neuen Museum Nürnberg (NMN)
beschränkt. Dann gibt es noch weitere Objekte, die mir gehören.

Die Choreografie von *Before the Beginning and After the End*
und seiner Zurschaustellung deutet an, dass möglicherweise nicht
mehr Menschen das Publikum für diese Arbeit sein könnten und die
ganze Situation von einem anderen Typus der Intelligenz initiiert
wurde, die die Überreste der menschlichen Kultur untersucht. Dies
kann irgendwo auf der Erde sein oder auch anderswo. Die Arbeit nach
Nürnberg zu bringen, eröffnet die Möglichkeit, sie in diesem speziel-
len Kontext der deutschen Geschichte zu sehen, und deshalb habe
ich mich entschieden, Objekte aus der ersten Ausstellung mit Material
aus den Sammlungen der beiden Nürnberger Museen zu ersetzen.

Das GNM und das NMN sind zwei sehr unterschiedliche Orte in der Altstadt Nürnbergs. War es
inspirierend, mit ihren einmaligen Objekten zu arbeiten und sich mit den beiden Sammlungen
auseinanderzusetzen und sie zusammenzubringen?

Die Sammlungen dieser beiden Museen sind sehr spezifisch und
jeweils als eigenständige Sammlung hochinteressant. Die Sammlung
des NMN konzentriert sich mehr auf zeitgenössische Kunst, was mir
in einem allgemeinen Sinn vertrauter ist. Große Teile der Sammlung
sind osteuropäischer Kunst gewidmet, einschließlich polnischen
Künstlern wie beispielsweise dem ikonischen Tadeusz Kantor.
Einige der Arbeiten, wie zum Beispiel Werke von Jiří Kolář, waren
eine faszinierende Entdeckung für mich. Ich verwendete eine
Gruppe von Arbeiten in meiner Ausstellung, für die ich eine spezielle
Präsentationsplattform in Form eines neuen Kunstwerks ent-
wickelte. Ebenso benutzte ich auch einige der Arbeiten für meine
Installation *Before the Beginning and After the End*. Meine ersten
Besuche des Museums waren besonders eindrucksvoll, wegen der
Sammlung und der Sorgfalt, mit der die Arbeiten dort ausgestellt
sind, sowie auch wegen des schönen Gebäudes.

Das GNM ist riesig und die ausgestellten Stücke sind exquisit.
Wir haben uns eine Kopie eines der kostbarsten dort ausgestellten
Objekte ausgeliehen: den Goldkegel von Ezelsdorf-Buch. Es ist ein
wirklich einmaliges Stück, das sofort Aufmerksamkeit auf sich zieht:
Jedes Mal, wenn man den Saal zur Bronzezeit betritt, sticht es hervor.
Ich bin sehr gespannt, wie es mit meiner Arbeit und anderen
Fundstücken auf den Tischen aussehen wird. Dieses Exponat wird
auf jeden Fall allen anderen die Schau stehlen!

Jede Sammlung repräsentiert eine andere Epoche der
deutschen Geschichte, und das ist die Perspektive, der ich gerne

The development of technology and the premise of human progress also brings huge risks for our environment and our existence on this planet. Our fascination with the unknown has, for thousands of years, motivated our great curiosity. In Sumerian times people believed that the purpose of our existence on Earth is to serve the outsiders who created us. They knew of the existence of different galaxies and envisaged alien gods as giants but with the same body characteristic as ours. According to their myths, when Sumerian goddesses decided to no longer give birth, people were designed to take over their tasks. Further to this, different cultures created visualisations and stories that explain the existence of our Universe, our future as well as our past. In this spirit, the 21st century brought us even closer to the idea of the end but this is no longer emerging from fantasies and stories but instead from actual facts. Scientists believe that we are currently in a sixth mass extinction, many species of animals and other types of life are becoming extinct due to the exploitation of natural resources by human beings. Generally speaking, the education regarding this situation is very poor. Since the existence of the internet, self-education, social networks and campaigning has become much easier but it is already too late to reverse certain destructive processes that are already underway. Political agendas, such as ones promoted for example by the current Polish political party called PiS, have managed to implement laws allowing irreversible destruction to Polish forests and many unique species. Unfortunately, this is not an isolated example. Rather than aiming towards the ideals of enlightened nature, we are increasingly observing the terrible ruling of right-wing governments as well as regressive attitudes towards the planet. Religious values have been placed at the heart of the political arena rather than knowledge or science, with leaders such as Trump attempting to ruin the world and any remaining dignity of the citizens he is supposed to represent. In this context, it is hard to feel optimistic about our future. Recently in 2015, an ignorant art critic commented on *Before the Beginning and After the End* describing it as 'overdramatic' and 'teenaged'. According to him whinging about the end of our planet/humanity is pathetic and boring. After the last two months of crazy heat in Europe caused by hurricanes and tropical rains as well as temperature drops of 20 °C, I find everyone who thinks that there isn't a problem to be insane!

These real experiences of freak weather events, natural disasters, political and economical crisis of the world as well as the lack of resolutions to matters of peace are perhaps the reason why I chose to look at the prospects of human extinction. One can certainly point out that history gives examples of many worse times but shouldn't we know better today, having the experience from the past?

Of course there is a whole other reason that follows my fascination with sci-fi literature and film as well as current theories attached to technological advancement in the fields such as biology or AI that I mentioned previously. Perhaps making this work can be seen as a form of ritual to help me overcome my fear of the future. As observed by Aby Warburg in his Lecture on Serpent Ritual in 1927, the same behaviour pattern motivated early cultures in creations of their rituals through centuries.

How are the drawings on the scrolls of *Before the Beginning and After the End* connected? How does this narrative of humankind unfold? How did you select the themes of the scrolls and the drawings that are now connected to them?

Before the Beginning and After the End consists of six 9.5-meter paper scrolls laid over a set of industrial tables containing biro sketches and writings, gesturing toward an illustrated narrative of the progress

nachgehen will. Ich bin vor allem fasziniert vom Prozess der Rekontextualisierung einiger der vor Ort für diese Ausstellung entdeckten Arbeiten. Ich habe keineswegs versucht, mich mit den Sammlungen der beiden Museen auseinanderzusetzen oder sie zu kategorisieren, vielmehr habe ich nach Objekten gesucht, die in das Narrativ meiner Arbeit hineinpassen.

Während der Vorbereitungen für die Ausstellung hast Du erwähnt, dass Dein Projekt *Before the Beginning and After the End* wie ein „Blick von der Zukunft in die Vergangenheit" funktioniert. In diesem Setting könnte dies eine Spezies oder Intelligenz sein, die nicht die unsere ist, die die Reste der Menschheit untersucht. Was macht den Post-Humanismus so attraktiv? Oder ist es das Unbekannte der Zukunft, was dich inspiriert?

Ich dachte, es wäre vielleicht interessant, sich der Frage des „Anfangs" und des „Endes" in einem breiter gefassten Zusammenhang zu widmen. Wissenschaftler und Philosophen versuchen seit Jahrhunderten, das Menschliche zu definieren, aber wir sind jetzt an einem Punkt angelangt, wo sich die Frage stellt, ob wir posthuman sind oder vielleicht das Ende unserer Existenz erreichen. In dieser Denkrichtung gibt es natürlich zahlreiche ökologische Fragen über Ressourcen und die Umwelt, aber es gibt auch einen historischen Strang des Denkens, der sich bis vor die griechischen Philosophen zurückverfolgen lässt, der über unsere Beschäftigung mit der Vorstellung des Endes reflektiert. Wir Menschen befürchteten schon immer ein Ende, aber wir sind ihm vielleicht noch nie zuvor so nah gekommen.

Die technischen Entwicklungen und die Prämisse des menschlichen Fortschritts bringen auch enorme Risiken für unsere Umwelt und unsere Existenz auf diesem Planeten mit sich. Die Faszination, die das Unbekannte auf uns ausübt, motiviert seit Tausenden von Jahren unsere große Neugier. In der sumerischen Ära glaubten die Menschen, der Zweck unserer Existenz auf der Erde sei es, den Außerirdischen, die uns geschaffen haben, zu dienen. Sie wussten um die Existenz anderer Galaxien und stellten sich die außerirdischen Götter als Riesen vor, allerdings mit denselben Körpern wie unsere. Ihrer Mythologie zufolge entschieden sich die sumerischen Göttinnen dazu, keine Kinder mehr zu gebären, also wurde der Mensch erschaffen, um deren Aufgaben zu übernehmen. Unterschiedliche Kulturen haben Darstellungen und Geschichten erschaffen, um sich die Existenz unseres Universums zu erklären, und zwar sowohl unsere Zukunft als auch unsere Vergangenheit. In diesem Geist hat uns das 21. Jahrhundert noch näher an die Vorstellung des Endes gebracht, aber diese entsteht nicht mehr aus Fantasien und Geschichten heraus, sondern aus Fakten. Die Wissenschaft glaubt, dass wir uns aktuell im sechsten Artensterben befinden – viele Spezies von Tieren und andere Lebensformen sterben wegen der Ausbeutung natürlicher Ressourcen durch den Menschen aus. Vereinfacht gesagt, ist das Wissen darüber nicht weit verbreitet. Durch das Internet sind Selbstbildung, soziales Netzwerken und Kampagnenarbeit viel leichter geworden, aber es ist schon zu spät, bestimmte destruktive Prozesse, die bereits stattfinden, wieder rückgängig zu machen.

Politischen Akteuren mit destruktiven Agenden wie beispielsweise die der aktuell aktiven polnischen Partei PiS ist es gelungen, Gesetze durchzusetzen, die die unumkehrbare Vernichtung polnischer Wälder und zahlreicher einmaliger Spezies zur Folge haben. Leider ist dies keineswegs ein einmaliges Beispiel. Statt das Ziel einer aufgeklärten Natur zu verfolgen, müssen wir immer mehr die schlechte Politik rechtsgerichteter Regierungen wie auch regressive Einstellungen zu unserem Planeten beobachten.

of humanity. The production of scrolls dates back to ancient Egypt where some of the first texts were composed in this form. These parchments are traditionally associated with record-keeping and documentation and as such they embody the processes of categorisation and preservation of human knowledge. The historical references implied within the creation of these works follow this tradition but are filtered through my subjective choice of content. Each table displays its own set of diverse chronicles set against the background of five loose narrative threads; beginnings, humanity's awakening, the birth of man-made man, the end of history, the end of art. The five tables offer a collection of contemplations on humans as finite beings, including objects and artworks that punctuate the display, as if they were subjects of a scientific study. Gradually, the seemingly human behaviour of the first tables gives way to a logic embodied in the sixth scroll that suggests the emergence of a different type of consciousness.

How do you develop works like *Somnambulist* or *Madame Blavatsky* — do you have a special interest in mystic, esoteric or spiritual questions?

Madame Blavatsky and *Somnambulist* were created as part of a much larger work called *Sleep of Ulro* that was commissioned by A-Foundation in Liverpool in 2006. Drawing on William Blake's *Jerusalem: The Emanation of the Giant Albion* (1820) from which its title is taken, *Sleep of Ulro* was my largest project to date, both for the scale of the research and its physical outcome. The work was set in a disused warehouse, an intricate network of walkways and platforms provided three alternative routes through the space corresponding to heaven, hell and purgatory, with reference to Renaissance theatre and its views of the afterlife. The corridors, rooms and antechambers generated twelve environments at varying heights, with a layout that emulated the pioneering set designs of the early Expressionist film *The Cabinet of Dr Caligari*. In some way I re-staged the movie directed by Robert Wiene in 1920 as a theatrical piece. The theme of liminal or in-between states, explored in the architectural display, recurs in individual works. This is where the somnambulist exists; in the space between sleep and waking life. So the *Somnambulist* was made as a life-size carved figure of Cesare, Caligari's somnambulist from Wiene's film.

The other figure, *Madame Blavatsky,* also responded to the idea of a liminal space. Helena Petrovna Blavatsky was the founder of the Theosophical Society and as such was heavily invested in exploring these liminal spaces that were often infused with spiritual resonance. In my work, a human-sized carving of Blavatsky was shown levitating between two chairs in a transcendental state of unconsciousness. Blavatsky herself describes the state of somnambulism in the following statement:

"Our physical senses are the agents by means of which the astral spirit, or 'conscious something' within, is brought, by contact with the external world, to a knowledge of actual existence; while the spiritual senses of the astral man are the media, the telegraphic wires by means of which he communicates with his higher principles, and obtains therefrom the faculties of clear perception of, and vision into, the realms of the invisible world."

Theosophy disagreed with materialist views of the world and was instead informed by Eastern cultures and religions, becoming one of the fundamental premises for Rudolf Steiner's Anthroposophy, illustrated in his series of blackboard drawings which were referenced in a performance made in collaboration with Sabina Donnelly in 2008.

Religiöse Werte werden anstatt Erkenntnis oder Wissenschaft ins Zentrum der politischen Arena gestellt, und Führungspersönlichkeiten wie Trump versuchen, die Welt und die Würde der Menschen, die er vertreten soll, zugrunde zu richten. Unter diesen Umständen fällt es schwer, hinsichtlich unserer Zukunft optimistisch zu sein.
2015 beschrieb ein unwissender Kunstkritiker *Before the Beginning and After the End* als „übertrieben dramatisch" und „teenagerhaft". Seiner Meinung nach ist es albern und langweilig, über das Ende der Menschheit und unseres Planeten herumzujammern. Nach den letzten beiden Monaten mit verrückten Hitzewellen und Temperaturstürzen um 20 °C halte ich alle, die immer noch glauben, es gäbe kein Problem, für verrückt.

  Diese realen Erlebnisse außergewöhnlicher Wetterextreme, Naturkatastrophen, die politischen und wirtschaftlichen Krisen der Welt und die fehlende Entschlossenheit, den Frieden voranzubringen, sind vielleicht die Gründe dafür, warum ich über die Möglichkeit nachdenke, dass der Mensch aussterben könnte. Man kann gewiss sagen, dass es in der Geschichte Beispiele für schlechtere Zeiten gibt, aber sollten wir, die wir über die Erfahrungen aus der Vergangenheit verfügen, es nicht besser wissen?

  Natürlich gibt es noch einen anderen Grund, der sich aus meiner Beschäftigung mit Science Fiction-Literatur und -Filmen wie auch mit aktuellen Theorien zu technischem Fortschritt in Gebieten wie Biologie oder Künstlicher Intelligenz ergibt, die ich schon erwähnt habe. Vielleicht kann man die Produktion dieser Arbeit auch als eine Form des Rituals sehen, um mir zu helfen, meine Angst vor der Zukunft zu überwinden. Wie Aby Warburg in seinem Vortrag zum Schlangenritual im Jahre 1927 anmerkte, motivierte dasselbe Verhaltensmuster frühe Kulturen bei der Erschaffung ihrer Rituale über die Jahrhunderte.

Wie sind die Zeichnungen auf den Schriftrollen von *Before the Beginning and After the End* miteinander verbunden? Wie entfaltet sich die Erzählung der Menschheit? Wie hast Du die Themen der Rollen und die Zeichnungen, die nun mit ihnen verbunden sind, ausgesucht?

Before the Beginning and After the End besteht aus sechs 9,5 Meter langen Papierrollen, die über einer Reihe von Industrietischen ausgebreitet und mit Kugelschreiberzeichnungen und Texten versehen sind, die eine Geste in Richtung einer illustrierten Erzählung der Menschheitsentwicklung machen. Die Produktion von solchen Rollen geht bis zum antiken Ägypten zurück, wo einige der ersten Texte überhaupt in dieser Form komponiert wurden. Diese Pergamente werden traditionell mit Aufzeichnung und Dokumentation assoziiert und verkörpern somit die Prozesse der Kategorisierung und der Überlieferung menschlichen Wissens. Die historischen Verweise, die mit der Erschaffung dieser Werke impliziert sind, folgen dieser Tradition, werden aber durch meine subjektiven inhaltlichen Entscheidungen gefiltert. Jeder Tisch enthält seine eigene Reihe unterschiedlicher Chroniken vor dem Hintergrund von fünf losen Erzählsträngen: Anfänge, das Erwachen der Menschheit, die Geburt des menschengemachten Menschen, das Ende der Geschichte, das Ende der Kunst. Die fünf Tische bieten eine Sammlung von Kontemplationen über Menschen als endliche Wesen. Dazu gehören Objekte und Kunstwerke, die das Ausgestellte noch unterstreichen, als wären sie Gegenstand einer wissenschaftlichen Untersuchung. Nach und nach wird das scheinbar menschliche Verhalten der ersten Tische durch eine Logik ersetzt, die auf dem sechsten Tisch verkörpert ist und das Entstehen einer anderen Art von Bewusstsein andeutet.

Sleep of Ulro, could be described as a large-scale cabinet of curiosities or "Wunderkammer" dedicated to the liminal somnambulist space referenced in its title. This liminal state, signifying a threshold between life and death, heaven and hell, waking life and sleep, also importantly points towards a threshold or state between the known and unknown, reflecting on our relationship to knowledge as a means of engaging with the world and the productive possibilities that occur when we loosen our attachment to it.

My interest in mysticism or spiritualism is ongoing. In general I am fascinated by the attempts of people through our history to create alternate systems of beliefs that others might aspire to, and the reasons for doing so.

In *Death of Marxism, Women of All Lands Unite (2013)* the emancipation of women plays an important role. The title sounds like a "call to arms" for women. Would you see this work as a feminist artwork?

The subject of women and their representation has appeared in my work many times: from the period of inspirational leading women in the Modernist era like Madame Blavatsky, to the interwar generation of women such as Lily Reich and Eileen Agar, who were often not credited for their achievements and overshadowed by their male partners, to today's debates on women's rights or the #MeToo movement. In 2013, I produced *Non-consensual Act in Progress*, a video work made using materials related to the Afghan Film Archive and my visit to Afghanistan in 2012, that directly addressed the issues of sexual violence towards women not only in the context of the western culture but also in Asia and the Middle East.

Miroslav Tichý's photographs, which are related to the work of *Death of Marxism, Women of All Lands Unite*, are described as voyeuristic—how would he be seen in light of the #MeToo movement today? How do you relate to the movement?

Inspired by Miroslav Tichý's work, I produced a large body of work in 2013 that deals with the representation of women in the socialist realist era. Tichý's work shows women in a very different way to what we know from the official photos released by the eastern bloc at the time. In both cases these representations are highly problematic. Tichý, a person who was in some ways quite mentally unstable or perhaps an eccentric who refused to integrate into society, escaped the reality offered by communism to pursue the activity of a voyeur; someone who captured women on camera as a daily activity. Tichý's photos represent a familiar period in my own history, as I lived in Poland at the time when most of his shots were taken. I can definitely identify with the girls he photographed, not only because of the way they looked or dressed but also in their way of life and I could feel the voyeuristic looks myself.

For *Sexuality of Atoms*, exhibited in 2013, I initiated an extensive body of work that took Tichý's original prints and negatives as a starting point for the process of re-contextualizing their subject. The *Frame for Tichý* series included fresh prints from battered old Tichý negatives, reframed or reworked with additional marks expanding the ones already existing on the film. Tichý himself often framed his own work in handmade window mounts composed from old packaging and found materials, which he decorated with drawn and painted motives. In a different series of collages from the same period, images of women from Tichý's original negatives infiltrated the male-dominated environment of Communist gatherings and meetings, with a juxtaposition that recalls the inherent problematics of his practice, addressed in *Death of Marxism, Women of All Lands Unite*.

Wie entwickelst Du Arbeiten wie *Somnambulist* oder *Madame Blavatsky* – hast Du ein besonderes Interesse an mystischen, esoterischen oder spirituellen Fragen?

Madame Blavatsky und *Somnambulist* sind als Teil eines viel größeren Werks mit dem Titel *Sleep of Ulro* entstanden, einer Auftragsarbeit für die A-Foundation in Liverpool 2006. *Sleep of Ulro*, das sich auf William Blake's *Jerusalem: The Emanation of the Giant Albion* (1820) bezieht, woher auch der Titel stammt, war mein bisher größtes Projekt, sowohl hinsichtlich des Rechercheaufwands als auch des physischen Ergebnisses. Die Arbeit wurde in einer leeren Lagerhalle installiert, und ein kompliziertes Netzwerk aus Gängen und Plattformen bot Besuchern drei alternative Routen durch den Raum an, die Himmel, Hölle und Fegefeuer entsprachen, mit Verweisen auf das Renaissancetheater und dessen Ansichten über das Leben nach dem Tode. Die Korridore, Räume und Vorzimmer generierten zwölf Environments unterschiedlicher Höhe, mit einem Layout, das die bahnbrechenden Kulissenentwürfe des frühen expressionistischen Films *Das Kabinett des Dr. Caligari* nachahmte. Auf gewisse Weise habe ich den Film, bei dem Robert Wiene 1920 Regie geführt hatte, als ein Theaterstück inszeniert. Das Thema des Dazwischen und der Zwischenräume, die in der architektonischen Darstellung erkundet werden, taucht auch in den einzelnen Arbeiten wieder auf. Dort existiert der Schlafwandler: im Zwischenraum zwischen Schlaf und Wachheit. Der *Somnambulist* wurde als eine lebensgroße Figur von Cesare gefertigt, Caligaris Schlafwandler aus Wienes Film.

Die andere Figur, *Madame Blavatsky,* reagiert ebenfalls auf die Idee des Zwischenraums. Helena Petrovna Blavatsky war die Gründerin der Theosophischen Gesellschaft und somit höchst interessiert an einer Erkundung von Zwischenräumen, die mit spiritueller Resonanz gesättigt waren. In meiner Arbeit wird eine lebensgroße bildhauerische Figur von Blavatsky gezeigt, die in einem transzendentalen Zustand der Ohnmacht zwischen zwei Stühlen schwebt. Blavatsky selbst beschreibt den Zustand des Schlafwandelns in folgendem Statement:

„Unsere physischen Sinne sind die Agenten, mit deren Hilfe der Astralgeist oder das innere ‚bewusste Etwas' durch den Kontakt mit der externen Welt ein Wissen der tatsächlichen Existenz erlangt; während die spirituellen Sinne des Astralmenschen die Medien sind, die telegrafischen Drähte, mit deren Hilfe er mit seinen höheren Prinzipien kommuniziert, von denen er die Fähigkeiten der klaren Wahrnehmung und eine Vision der Reiche der unsichtbaren Welt erhält."

Die Theosophie lehnte die materialistischen Weltbilder ab und war stattdessen von östlichen Kulturen und Religionen beeinflusst. Sie wurde eine der grundlegenden Prämissen von Rudolf Steiners Anthroposophie, illustriert in einer Serie von Tafelzeichnungen, auf die ich mich 2008 in einer in Zusammenarbeit mit Sabina Donelly entstandenen Performance beziehe.

Sleep of Ulro könnte man als ein großformatiges Kuriositätenkabinett oder eine Wunderkammer bezeichnen, die dem schlafwandlerischen Zwischenraum zwischen dem Bekannten und dem Unbekannten gewidmet ist, auf den sich der Titel bezieht. Dieser Zwischenzustand, der eine Schwelle zwischen Leben und Tod, Himmel und Hölle, dem Wachzustand und dem Schlaf bezeichnet, verweist bedeutsamerweise auch auf eine Schwelle oder einen Zustand zwischen dem Bekannten und dem Unbekannten und reflektiert somit über unsere Beziehung zum Wissen als Mittel zur Auseinandersetzung mit der Welt und über die produktiven Möglichkeiten, die sich ergeben, wenn wir unsere Bindung daran lösen. Für Mystik und Spiritualismus interessiere ich mich schon lange. Generell bin ich fasziniert von den Versuchen von Menschen in unserer Geschichte, alternative Glaubenssysteme zu erschaffen, und von ihren Gründen dafür, so etwas zu tun.

This is the only tapestry I have made to date, that functions both
as a wall hanging and as a carpet on the floor. I designed it specifically
for this purpose, to allow it to exist as a 3D object rather than just
an image. This aspect of the work, the physical inclusion of the
dimension of depth, opens up a space that invites a real person
to enter the work and become part of the image. The image presented
on the tapestry depicts Karl Marx's grave at Highgate Cemetery,
London, as a leafy setting for a group of women having a picnic.
The figures included in the image are, in part, sourced from photographs by Miroslav Tichý, the remainder came from my own
collection of images. The composition of the work—the grass with
a blanket, the books and women's clothing—was based on an image
that I found in an archive dedicated to Tichý's work in Zurich.
I remember being really intrigued by this photograph. Most of his
photographs include a woman's body within the frame, this one
was so different, the absence of women became instead an implied
presence of women that was filled with mystery and seductive
curiosity. It appeared as if they'd vacated the scene—seconds before
the shutter clicked—their aura was still so present in this grainy
black-and-white photo. Tichý's images, characterized by a voyeuristic
portrayal of the female body, are only partly contextualized by him.
Sexuality of Atoms, a term used by Tichý that defines his approach
to his photographic process, describes the physical nature of his work
as a scientific method to depict the sexualized particles of the female
image captured in his photographs. Stating women to be the embodiment of nature, he saw the science of photography as representing
a universe made of sexualized particles found in the grain of the image
and the quality of the print. I have never been able to discern, either
from Tichý's work or from his words recorded on the video, what his
relationship to women really was. Part of me feels quite uncom-
fortable with the idea of a man obsessed by women lurking around
with his camera, but I can also see a more complex picture emerging
from this dynamic. The performative element of *Death of Marxism,
Women of All Lands Unite* tries to address this discomfort. As part of
the body of works that I created in response to Tichý, including
the tapestry and numerous collages inspired by him, I also made a
series of flesh-coloured 'bodysuits', titled *Pattern for Tichý*, which turn
their wearers into living Tichý drawings. In the past presentations
of *Death of Marxism, Women of All Lands Unite*, the work has included
two female performers wearing the *Suit for Tichý* bodysuits.
In a symbolic way, with this provocative juxtaposition, I hoped to
emancipate the performers, transforming them from passive objects
of the male gaze into active participants of a political history that
tended to exclude them. Taking its title from the well-known
communist motto 'Workers of all lands unite', engraved on Marx's
tombstone, the work stages a shift from a communist call to action
to end class struggle towards a feminist empowerment against
sexist oppression.

At Zachęta National Gallery of Art in Warsaw you did an exhibition called *Bez tytułu* (2011) that was
concerned with censorship in Poland. How do you feel about this project being more relevant than ever
today? In light of the current decline of the constitutional state in Poland (conflict with the EU,
restrictions of press freedom), do you think art has the power to intervene in the debate?

My exhibition *Untitled* at Warsaw's Zachęta National Gallery of Art
was in fact my first solo presentation at a public institution in Poland
since I left in 1989. At the heart of the project was the theme of
censorship in Polish art after 1989, and the attacks directed at
artworks, artists, curators, directors and institutions by the public.
The same year marked my move to London and the coming of a new

In *Death of Marxism, Women of All Lands Unite* spielt die Emanzipation der Frau eine wichtige Rolle. Der Titel klingt wie ein an die Frauen gerichteter Ruf zu den Waffen. Siehst Du diese Arbeit als ein feministisches Kunstwerk?

Das Thema der Frau und ihrer Repräsentation taucht häufig in meiner Arbeit auf: Von der Ära inspirierender Frauen in der Zeit des Modernismus wie Madame Blavatsky bis zur Zwischenkriegsgeneration von Frauen wie Lily Reich und Eileen Agar, die oft keine Anerkennung für ihre Leistungen bekommen und von ihren männlichen Partnern in den Schatten gestellt werden, bis hin zu heutigen Debatten über Frauenrechte oder die #MeToo-Bewegung. 2013 habe ich *Non-consensual Act in Progress* produziert, eine Videoarbeit, bei der Material aus dem Afghan Film Archive und von meinem Afghanistanbesuch 2012 zum Einsatz kam. Diese Arbeit setzt sich ganz direkt mit der Frage der sexuellen Gewalt gegen Frauen auseinander, und zwar nicht nur im Kontext der westlichen Kultur, sondern auch in Asien und dem Nahen Osten.

Miroslav Tichýs Fotografien, die mit der Arbeit *Death of Marxism, Women of All Lands Unite* in Verbindung stehen, werden häufig als voyeuristisch beschrieben—wie würde er heute im Lichte der #MeToo-Bewegung gesehen werden? Und wie siehst Du die Bewegung?

Inspiriert von Miroslav Tichýs Arbeit habe ich 2013 einen großen Werkkorpus produziert, der sich mit der Darstellung von Frauen in der Ära des Sozialistischen Realismus auseinandersetzt. Tichýs Werk zeigt Frauen auf eine ganz andere Art und Weise, als wir das von den offiziellen Fotos kennen, die im Ostblock damals publiziert wurden. In beiden Fällen sind diese Darstellungen höchst problematisch. Tichý, eine Person, die auf mancherlei Art psychisch instabil war oder vielleicht ein Exzentriker, der sich nicht in die Gesellschaft integrieren wollte, floh vor der Realität, die der Kommunismus anbot, und gab sich den Aktivitäten eines Voyeurs hin; jemand, der täglich Frauen mit der Kamera einfing. Tichýs Fotografien stellen eine mir wohl bekannte Periode meiner eigenen Geschichte dar, denn ich lebte in der Zeit in Polen, als die meisten dieser Fotos aufgenommen wurden. Ich kann mich definitiv mit den von ihm fotografierten Mädchen identifizieren, nicht nur wegen der Art, wie sie aussahen oder sich anzogen, sondern auch in ihrer Lebensweise und den voyeuristischen Blick habe ich selbst gespürt.

Für *Sexuality of Atoms*, gezeigt 2013, initiierte ich einen umfangreichen Werkkorpus, für den Tichýs Originalabzüge und Negative als Ausgangspunkt für eine Rekontextualisierung ihres Subjekts dienten. Die Serie *Frame for Tichý* enthält neue Abzüge von alten, ramponierten Tichý-Negativen. Sie sind neu gerahmt oder mit zusätzlichen Markierungen bearbeitet, welche die bereits auf dem Film existierenden Markierungen noch erweitern. Tichý selbst rahmte seine eigenen Arbeiten in selbstgemachten Passepartouts aus alten Verpackungen und gefundenem Material, das er mit gemalten und gezeichneten Motiven dekorierte. In einer anderen Serie von Collagen aus derselben Zeit infiltrieren Bilder von Frauen von Tichýs Originalnegativen die männerdominierten Umgebungen von kommunistischen Versammlungen und Sitzungen. Diese Gegenüberstellung zeigt die inhärente Problematik dieser Praxis auf, die in *Death of Marxism, Women of All Lands Unite* angesprochen wird.

Dieser ist der einzige Wandteppich, den ich bisher angefertigt habe, der sowohl als Wandbehang als auch als Teppich auf dem Boden funktioniert. Ich habe ihn genau für diesen Zweck entworfen, damit er als ein dreidimensionales Objekt existiert und nicht nur als Bild. Dieser Aspekt der Arbeit, die physische Einbindung der Dimension der Tiefe, eröffnet einen Raum, der eine reale Person dazu einlädt, in die Arbeit einzutreten und Teil des Bildes zu werden. Das Bild auf

form of censorship in democratic Poland, which I could only observe
from a distance, through media accounts and personal contacts.
The most infamous events, including acts of destroying artworks
as well as nationalistic and anti-Semitic attacks that were deliberately
inflated by the media, took place in the context of exhibitions at
Zachęta. Working on the project, I applied the method of studying
the archives of the hosting institution. I collected many documents,
portfolios of artists whose work was presented in my show in binders
with press clippings and photographs, as well as guest books, emails
and letters, including private correspondence addressed to Zachęta.
In the actual exhibition I included the bulk of the surviving material
on the subject, but also used it as a point of departure for new work
including an 11.5 × 3.7 metre tapestry especially commissioned
for the exhibition and based on a photograph taken of the happening
The Letter in 1967, the year of my birth. In the original happening,
a fourteen-metre long canvas letter addressed to Foksal Gallery was
delivered by four professional mailmen from the post office in
Ordynacka Street to the gallery located at the end of Foksal Street.
On delivery, the letter was destroyed by a waiting public.
The performance was accompanied by a score in the form of a scripted
text that commented on the progress of the mailmen and added
to the tension. A similar canvas letter which I painted by hand for my
project was this time addressed to Zachęta and adorned with stamps
featuring Lech Wałęsa — the symbol of the 1989 transformation.

For me, *The Letter* by Kantor has always seemed to be a sort
of device predicting the future, in its time anticipating the collapse
of both the Berlin Wall and the Iron Curtain. Formally Kantor's
The Letter worked like a mobile banner or a curtain that was moved
through the streets of Warsaw in 1967 and when it finally arrived
at the Foksal Gallery was attacked and destroyed by the audience
in the same way as the Berlin Wall was attacked and taken apart by
the people in 1989.

The idea of a letter, as a format or mode of communication,
was also the best way to translate the mechanics of communication
that took place post 1989 between the public and the art institutions,
between the public and the artists. In the exhibition at Zacheta
I used original examples of written correspondence between the public
and Anda Rottenberg as well as other curators who were attacked
by the public. The physical presence of these letters, as opposed to
The Letter that Kantor offers us, left little space for poetic interpretation, providing instead an illustration of the harsh reality and
the conditions that the transformation brought about for the Polish
contemporary art scene. *Notice Board* also marked these significant
changes in Polish culture post 1989, highlighting the dialogues
that ensued around the subject of artistic freedom and national identity
by presenting evidence of this moment in the form of the actual
letters. The exhibition at Zachęta gave a voice to the public but it also
held up a mirror, giving the opportunity for the public to observe
its own behaviours. Quotations taken from public opinions were
the leading voices in my show. In a way, the important question that
surfaced from this exhibition was: "What should the term
'contemporary' represent in Poland today?" Has the period of
complete regression and censorship ended? It certainly has not ended,
but actually got worst and hit much harder.

In 2018 I co-curated an exhibition at Museum of Modern Art
in Warsaw (MSN) which in a way is a continuation of the project
from Zachęta. Together with two curators from MSN, Łukasz
Ronduda and Tomasz Szerszeń, in collaboration with the Print Room
of the Warsaw University Library we tried to dig deeper into Polish
history beyond the modern era to contextualize the current situation.

dem Wandteppich zeigt das Grab von Karl Marx auf dem Londoner
Friedhof Highgate als eine grüne Szenerie für ein Picknick einer
Gruppe von Frauen. Die Figuren auf dem Bild stammen zum Teil aus
Fotografien von Miroslav Tichý, der Rest kommt aus meiner eigenen
Bildersammlung. Die Komposition der Arbeit – das Gras mit der
Decke, die Bücher und die Kleidung der Frauen – basiert auf einem
Bild, das ich in einem Tichýs Werk gewidmeten Archiv in Zürich
gefunden habe. Ich erinnere mich, dass ich von dieser Fotografie wirklich fasziniert war. Die meisten seiner Fotografien zeigen den Körper
einer Frau, aber dieses war so anders, die Abwesenheit von Frauen
wurde stattdessen zu einer implizierten Anwesenheit von Frauen, die
auf geheimnisvolle Weise voller verführerischer Neugier war. Es
schien, als hätten sie Sekunden, bevor jemand auf den Auslöser
gedrückt hat, die Szene verlassen. Ihre Aura war auf diesem körnigen
Schwarzweißfoto noch sehr präsent. Tichýs Bilder, die sich durch
eine voyeuristische Darstellung des weiblichen Körpers auszeichnen,
werden von ihm nur teilweise kontextualisiert. *Sexuality of Atoms*, ein
von Tichý verwendeter Begriff, der seinen Ansatz an seinen foto-
grafischen Prozess definiert, beschreibt das physische Wesen seiner
Arbeit als eine wissenschaftliche Methode, um die sexualisierten
Partikel des in seinen Fotografien eingefangenen weiblichen Bildes
darzustellen. Er sah die Frau als die Verkörperung der Natur und
betrachtete die Wissenschaft der Fotografie als eine Darstellung eines
aus sexualisierten Partikeln bestehenden Universums, die in der
Körnung des Bildes und der Qualität des Abzugs zu finden sind. Ich
konnte nie herausfinden – weder aus Tichýs Arbeit noch aus seinen
auf dem Video aufgezeichneten Worten –, welche Beziehung er wirklich zu Frauen hatte. Einerseits ist mir bei der Vorstellung eines
von Frauen besessenen Mannes, der mit einer Kamera herumlungert,
ziemlich unwohl, aber ich kann auch ein komplexeres Bild sehen,
das aus dieser Dynamik entsteht. Das performative Element von
Death of Marxism, Women of All Lands Unite versucht, sich mit diesem
Unwohlsein auseinanderzusetzen. Als Teil einer Werkgruppe, die
ich als Reaktion auf Tichý geschaffen habe – dazu gehören auch der
Wandteppich und zahlreiche von ihm inspirierte Collagen –, habe
ich auch eine Serie von fleischfarbenen Ganzkörperanzügen gemacht
und sie *Pattern for Tichý* genannt, sie verwandeln ihre Trägerinnen
in lebendige Zeichnungen von Tichý. In früheren Präsentationen von
Death of Marxism, Women of All Lands Unite gehörten zur Arbeit zwei
weibliche Performerinnen, die Ganzkörperanzüge aus der Serie *Suit
for Tichý* anhatten. Ich hoffte, auf eine symbolische Art mit dieser
provokativen Gegenüberstellung die Performerinnen zu emanzipieren
und sie von passiven Objekten des männlichen Blicks in aktive
Akteurinnen einer politischen Geschichte zu verwandeln, die dazu
neigte, sie auszuschließen. Der Titel stammt aus dem bekannten
kommunistischen Motto „Workers of all lands unite", das auch auf
den Grabstein von Karl Marx eingraviert ist. Die Arbeit inszeniert
einen Wechsel von einem kommunistischen Aufruf zum Handeln, um
den Klassenkampf zu beenden, zu einem feministischen
Empowerment gegen sexistische Unterdrückung.

In der Nationalen Kunstgalerie Zachęta in Warschau hast Du eine Ausstellung mit dem Titel *Bez tytułu*
(2011) gemacht, die sich mit der Zensur in Polen beschäftigt hat. Inwieweit, denkst Du, ist dieses Projekt
heute relevanter denn je? Glaubst Du angesichts der aktuellen Bedrohung des Rechtsstaats in Polen
(Konflikte mit der EU, Einschränkungen der Pressefreiheit), dass Kunst die Kraft hat, in diesen Debatten
zu intervenieren?

Die Ausstellung *Ohne Titel* in der Warschauer Nationalen Kunstgalerie Zachęta war meine erste Einzelausstellung in einer
öffentlichen Institution in Polen, seit ich das Land 1989 verlassen

The Print Room of King Stanislaus Augustus is the oldest in Poland, containing a rich collection of prints, master drawings, architecture and decoration designs, as well as books with engravings and albums from the seventeenth and eighteenth centuries. Accumulated by the last king of Poland, Stanislaus Augustus Poniatowski, it was created as a gesture to the Polish people, to become the first public collection in Poland, dedicated to artists' education. The collection reveals much about the interests and ambitions of Poniatowski— one of the more enlightened monarchs of the epoch—but also reflects the complexity and dialectical issues of the Enlightenment period. Our exhibition tried to utilize the King's Print Room collection as a point of departure to reflect on the heritage and legacy of the Enlightenment ("as an unfinished project"). As we experience a global crisis in the idea of democracy and the perceived failure in progressive and universal ("enlightenment") values, bringing these works to a museum of contemporary art in a dialogue with artworks made today allowed us to establish simple but very direct links. It seems that we moved through a complete cycle and found ourselves back in the Dark Ages again, debating on issues such as: women's rights, religion, personal freedom of expression, principles of education or generally unhealthy social dynamics and manipulative political agendas. What I think and feel about it is deep disappointment.

As an artist I aspire to create works that comment on today's context and touch people's imagination or propose a new point of view. In the face of the recent surge of right-wing, populist and nationalistic agendas that have come to dominate the current political landscape, I often ask myself: how can I as an artist engage or comment on what is happening around me? Can art-making resonate with the dissatisfaction one feels in relationship to the broader context of world politics or is another type of manifestation perhaps required to make an impact? Using shock tactics has not been my favourite method of working so far, but two of my drawings included in the exhibition at MSN are dedicated to Mohamed Bouazizi and Piotr Szczesny who committed suicide by immolation as a political protest.

Which three artists have most influenced your work? Which people or encounters shaped your art or your way of thinking about art? Many curators and writers have tried to put your work into categories. What do you think about these attempts? Why do you think categorisation is so important to art history, or what do you yourself think about the concept of categorisation?

After graduating from my MA at Goldsmiths College in 1996, I was involved in a generation of artists who curated their own exhibitions and established artist-run spaces. The whole methodology of my artistic practice is closely related to that era. We were totally self-sufficient—we were the makers, the curators and the critics, and also to a large extent our own audience. There was an aspiration towards achieving exposure outside of this closed circuit, but retrospectively we couldn't have been in a better place. Our initiative was not so much related to our teachers but more to the group we formed.

The projects I developed from the late 1990s up to 2000 such as *Show Me the Money* (1998), *Cave* (1999/2000), A *Mountain and a Valley* (1999) continue to inform my current approach to artmaking. Artist groups such as Bank were highly influential at that time and I must say to this day their work is still hugely exciting for me. These artists not only curated their own exhibitions but also published their own art magazines, wrote articles, and in general ran their own art world. Around the same time, the popularity and number of curating courses grew. Starting from the RCA, expanding to other colleges all over UK (and the world) the population of curators grew

hatte. Im Zentrum des Projekts stand das Thema der Zensur in der polnischen Kunst nach 1989 und die öffentlichen Angriffe auf Kunstwerke, Künstler, Kuratoren, Regisseure und Institutionen. In dem Jahr, in dem ich nach London zog, kündigte sich eine neue Form der Zensur im demokratischen Polen an, was ich nur aus der Entfernung beobachten konnte, durch Medienberichte und persönliche Erzählungen. Die berüchtigsten Ereignisse, zu denen Zerstörungen von Kunstwerken und nationalistische und antisemitische Angriffe gehörten, die von den Medien durchaus angefeuert wurden, fanden im Kontext von Ausstellungen in der Zachęta statt. Als ich an dem Projekt arbeitete, wandte ich die Methode des Studiums der Archive der gastgebenden Institution an. Ich sammelte zahlreiche Dokumente, Portfolios von Künstlerinnen und Künstlern, deren Arbeiten in meiner Ausstellung gezeigt wurden, in Ordnern mit Zeitungsausschnitten und Fotografien, wie auch Gästebücher, E-Mails und Briefe, einschließlich private an die Zachęta gerichtete Korrespondenz. In der eigentlichen Ausstellung zeigte ich den Großteil des überlieferten Materials zum Thema, benutzte es aber auch als Ausgangspunkt für neue Arbeiten, auch für einen Wandteppich mit den Maßen 11,5 × 3,7 Metern, spezifisch für die Ausstellung in Auftrag gegeben. Die Arbeit basiert auf einer Fotografie von dem Happening *Der Brief* im Jahre 1967, meinem Geburtsjahr. In dem ursprünglichen Happening wurde ein 14 Meter langer Leinwandbrief an die Foksal Galerie von vier professionellen Briefträgern vom Postamt in der Ordynackastraße in die Galerie am Ende der Foksalstraße gebracht. Nach Ankunft wurde der Brief von dem wartenden Publikum zerstört. Die Performance wurde von einer geschriebenen Partitur begleitet, der den Fortschritt der Briefträger kommentierte und die Spannung erhöhte. Ein ähnlicher Leinwandbrief, den ich mit der Hand für mein Projekt malte, war dieses Mal an die Zachęta gerichtet und mit Briefmarken mit dem Bild von Lech Wałęsa geschmückt, dem Symbol der Umbrüche von 1989.

Für mich erschien *Der Brief* von Kantor immer als eine Art von Apparat, der die Zukunft vorhersagte; damals sagte er den Fall sowohl der Berliner Mauer als auch des Eisernen Vorhangs voraus. Formal funktionierte Kantors *Der Brief* wie ein mobiles Banner oder ein Vorhang, der 1967 durch die Straßen von Warschau getragen wurde, und als er schließlich in der Foksal Galerie ankam, vom Publikum angegriffen und zerstört wurde, genau wie die Berliner Mauer 1989 vom Volk angegriffen und zerstört wurde. Die Idee eines Briefes als Format oder Modus der Kommunikation war auch die beste Art, um die Mechanik der Kommunikation zu übersetzen, die nach 1989 zwischen Öffentlichkeit und Kunst-institutionen, zwischen Öffentlichkeit und Künstlern stattfand. In der Ausstellung in der Zachęta benutzte ich Originalbeispiele von Korrespondenz zwischen der Öffentlichkeit und Anda Rottenberg und anderen Kuratoren, die von der Öffentlichkeit angegriffen wurden. Im Gegensatz zu Kantors *Der Brief*, ließ die physische Präsenz dieser Briefe wenig Raum für poetische Interpretationen und war vielmehr eine Illustration der harten Realität und der Bedingungen, die die Umwälzungen für die polnische zeitgenössische Kunstszene mit sich brachten. *Schwarzes Brett* markiert ebenfalls diese wesentlichen Veränderungen in der polnischen Kultur nach 1989 und unterstreicht die Dialoge, die um das Thema der künstlerischen Freiheit und nationaler Identität kreisen, indem Beispiele dieser Zeit aus echten Briefen präsentiert werden. Die Ausstellung in der Zachęta gab der Öffentlichkeit eine Stimme, hielt ihr aber auch einen Spiegel vor, so dass sie ihr eigenes Verhalten beobachten konnte. Die Zitate der öffentlichen Meinung

to the point where both artists and curators started to address questions regarding their identity, or what defined artists as artists and curators as curators. The process of categorization began and that's when my practice also became categorized; sometimes I was simply referred to as an artist but more often as a curator, researcher, collector and so on. It's hard to recall precisely when this began to occur regularly but I remember that I was already feeling puzzled by this phenomena in the late '90s. Referring to a history of practice including, among others, Duchamp (*Sixteen Miles of String*, for the *First Papers of Surrealism* show in New York in 1942 or *Twelve Hundred Coal Bags Suspended from the Ceiling over a Stove*, *Exposition internationale du surréalisme*, Galerie Beaux-Arts, Paris, 1938) and El Lissitzky (*Kabinett der Abstrakten* produced for Alexander Dorner's *Atmosphere Room* project at the Landesmuseum in Hannover in 1927), I considered my practice, that often featured the inclusion of other artists' work, as a continuation of a longstanding tradition in art and certainly not innovative in any way. I guess that living in Poland until 1989, I hadn't been exposed so much to the idea of the artistic brand as a commercial commodity that was characteristic for many artists living in the west. 'Communal'/ group art-making activity was more familiar to me than working solo. What people were calling 'curating', I considered part of my artistic practice, which for me was including my friends in what I did and contextualizing my work alongside theirs.

My artistic practice continues to be referred to as taking on the roles of artist, curator, collector, researcher and exhibition designer. It is best to describe these categories that are often attached to my practice, as 'determining my position within, and making me part of, an art historical taxonomy'. I work across a variety of media including sculpture, installation, photography, architecture and design as well as performance and video. I attempt to create my own classificatory systems for producing and remembering knowledge. I don't necessarily project myself into the categories that are attached to my artistic practice but I recognize the necessity for the process of categorisation in attempting to apply a structure or system to the gathering of historical material. Artmaking methods are very individual and artists don't always try to define their position in history in this way. The classification of artists and their work is an act that is usually performed by critics, curators and art historians. The current engagement of artists in the management of their work, including the sale of their work, might be a sign of necessary changes taking place that aspire to restructure the existing dynamics of the art world. Artists are quite capable of curating their exhibitions as well as doing everything else required to produce, promote and contextualize their work, and this is often overlooked.

You work with lots of different media. How do you decide which medium is the right one for a given project?

I don't really have a great romantic connection to any medium. I work with a specific medium for a few years, but there is always a point where I stop and move on to something else. In reality, I work with different media simultaneously. With my engagement with the medium of tapestry, for example, I was partly interested in the Flemish traditions of tapestry making and the history and motives attached to the patrons who commissioned them. The first tapestry that I made in 2009 was entitled *Plus Ultra*, for the 53rd Venice Biennale. This tapestry related to the history surrounding Holy Roman Emperor Charles V who commissioned many tapestries as a form of propaganda, to further his political and military status. Charles V was significant because of his involvement in the expansion of Europe

waren die führenden Stimmen in meiner Ausstellung. Auf gewisse
Art war die wichtige Frage, die sich aus dieser Ausstellung ent-
wickelte, folgende: „Was soll der Begriff ‚zeitgenössisch' heute in
Polen bedeuten?" Ist die Zeit der kompletten Regression und
Zensur vorbei? Sie war gewiss nicht vorbei, sondern verschlechterte
sich und schlug viel härter zu.

2018 war ich Ko-Kuratorin einer Ausstellung im Museum
Moderner Kunst in Warschau (MSN), die auf eine gewisse Art
eine Weiterführung des Projekts in der Zachęta ist. Gemeinsam mit
zwei Kuratoren vom MSN, Łukasz Ronduda und Tomasz Szerszeń,
in Kooperation mit dem Kupferstichkabinett der Warschauer
Universitätsbibliothek, versuchten wir, tiefer in der polnischen
Geschichte zu graben und über die moderne Ära hinauszugehen, um
die aktuelle Situation zu kontextualisieren.

Das Kupferstichkabinett von Stanislaus II. August ist das
älteste in Polen und enthält eine reichhaltige Sammlung von
Druckgrafik, Meisterzeichnungen, Architekturzeichnungen und
dekorativen Entwürfen wie auch Bücher mit Stichen sowie Alben
aus dem aus dem 17. und 18. Jahrhundert. Zusammengestellt vom
letzten König von Polen, Stanislaus II. August Poniatowski, wurde
es als Geste an das polnische Volk geschaffen – die erste öffentliche
Sammlung in Polen, gedacht zur Ausbildung von Künstlern.
Die Sammlung offenbart viel über die Interessen und Ambitionen
Poniatowskis, einer der aufgeklärteren Monarchen der Epoche,
spiegelt aber auch die Komplexität und die Dialektik der Aufklärung
wider. Unsere Ausstellung versuchte, die Kupferstichkabinett-
sammlung des Königs als Ausgangspunkt dafür zu benutzen, über das
Erbe der Aufklärung zu reflektieren („als ein unabgeschlossenes
Projekt"). Zu einem Zeitpunkt, an dem wir eine globale Krise der
Idee der Demokratie und das scheinbare Scheitern progressiver
und universeller („aufgeklärter") Werte erleben, konnten wir, indem
wir diese Arbeiten in ein Museum für zeitgenössische Kunst geholt
haben und sie in einen Dialog mit heutigen Kunstwerken eintreten
ließen, einfache, aber sehr direkte Verbindungen aufzeigen.
Es scheint, als hätten wir einen kompletten Kreis geschlossen und
befänden uns jetzt wieder im frühen Mittelalter: Plötzlich müssen
wir wieder über Fragen wie die Rechte der Frau, Religion, persönliche
Freiheit der Meinungsäußerung, Prinzipien der Erziehung oder
generell ungesunde gesellschaftliche Dynamiken und manipulative
politische Agenden diskutieren. Das löst eine tiefe Enttäuschung
in mir aus.

Als Künstlerin strebe ich es an, Werke zu schaffen, die den
heutigen Kontext kommentieren, die Fantasie der Menschen
berühren oder einen neuen Standpunkt darlegen. Angesichts des
jüngsten akuten Anstiegs von rechten, populistischen und
nationalistischen Agenden, die die heutige politische Landschaft
beherrschen, frage ich mich oft, wie ich mich als Künstlerin
engagieren und das kommentieren kann, was um mich herum
geschieht. Kann die Produktion von Kunst die Unzufriedenheit
artikulieren, die man angesichts des weiteren Kontexts der
Weltpolitik spürt oder braucht es vielleicht eine andere Art von
Manifestation, um eine Wirkung zu erzielen? Eine Schocktaktik
anzuwenden, gehört bisher nicht zu meinen liebsten Arbeitsmethoden, aber zwei meiner Zeichnungen in der Ausstellung im
MSN sind Mohamed Bouazizi und Piotr Szczęsny gewidmet,
die sich aus politischem Protest selbst verbrannten.

 Welche drei Künstler haben Deine Arbeit am meisten beeinflusst? Welche Menschen oder Begegnungen
haben Deine Kunst oder Dein Denken über Kunst geprägt? Viele Kuratoren und Kritiker haben versucht,

and the discoveries of his era. "Plus Ultra", meaning "further beyond" was Charles's motto and reflects a kind of attitude towards the world at the time, which is part of the history of colonization and empire. This motto was often shown on a banner wrapped around two pillars, the Pillars of Hercules (the Strait of Gibraltar), which represented the edge of the 'known world'. And it is this image of an 's' shaped banner around two pillars that is said to be what the dollar symbol represents. *Plus Ultra* explores how these histories intersect with our contemporary political scene, and tapestry felt like the most appropriate medium to communicate all of these ideas.

Around the same time, I was working on a project at the Whitechapel (*The Nature of the Beast*, 2009) I was looking into a substitute *Guernica* for the exhibition and I came across the *Guernica* tapestry that was hanging at the UN and was covered up during Colin Powell's speech promoting the invasion of Iraq. The significance of this act drew me into a closer consideration of this medium. As well as its historic relevance, tapestry was a good solution for me because it allowed me to produce quite large works that could be transported fairly easily, it was a completely different situation than dealing with photography or painting. Le Corbusier referred to tapestries as 'nomadic murals'. Plus of course they are so close to propaganda art, so this was a medium that allowed me to address concerns beyond art-historical references. I usually choose to work with a medium that is relevant to the subject in some way rather than the other way around.

During your studies in London, the art world was very focused on art from the UK (by the so-called YBAs). How would you describe your experience of the period? And how were you received?

I had no relationship to the YBAs (Young British Artists). I didn't understand their language, the roots to their practice and generally the culture they were transmitting through their work when I came to the UK. It all felt a bit too nationalistic to me. The group was connected to a whole network of galleries, critics, art magazines and collectors. I was never part of it and I think that I would have been considered very uncool for speaking with a Polish accent, not knowing or watching *EastEnders* and not even being able to understand what they actually talked about. By 1996, when I finished Goldsmiths, people started to look beyond the British context. There was a limit to this scene and more interesting things were happening in the world that seemed to be much more exciting than the prospect of contemplating the embodiment of death in formaldehyde-preserved animals. The fascination with the YBAs by international curators was also diminishing to the extent that people didn't want to work with British artists at all. It seems that the context of the art scene in a country such as the UK has a natural limit; it survives for only a short stretch of time partly because of outside influences but also because of the internal politics and hierarchies. I wasn't considered British, which was quite beneficial most of the time. The players in the Polish art scene equally didn't consider me as Polish and that was more disappointing to me in fact. My first exhibition in Poland took place in 2011. This year, for a change, I am taking part in two projects hosted by MSN in Warsaw. My last institutional exhibition in London took place in 2009 but that followed many previous presentations of my work in the UK.

Your oeuvre presents an alternative history of thought, as if you were trying to develop instruments to work on the urgent problems of the present. Where does the interface lie between your art and a period that has come apart at the seams?

Deine Arbeit in Kategorien einzuordnen. Was hältst Du von diesen Versuchen? Warum, glaubst Du, sind Kategorisierungen so wichtig für die Kunstgeschichte, und was hältst Du selbst vom Konzept der Kategorisierung?

Nachdem ich 1996 mit einem MA mein Studium am Goldsmiths College abgeschlossen hatte, war ich in einer Generation von Künstlern involviert, die ihre eigenen Ausstellungen kuratierten und unabhängige, von Künstlern betriebene Kunsträume gründeten. Die ganze Methodologie meiner künstlerischen Praxis ist eng mit dieser Epoche verbunden. Wir waren total autark – wir waren die Produzenten, die Kuratoren und die Kritiker, und zudem auch weitgehend unser eigenes Publikum. Wir wollten natürlich auch außerhalb unseres geschlossenen Kreises wahrgenommen werden, aber rückschauend hätten wir gar nicht an einem besseren Ort sein können. Unsere Initiative bezog sich nicht so sehr auf unsere Lehrer, sondern eher auf die Gruppe, die wir bildeten.

Die Projekte, die ich ab den späten 1990er Jahren bis 2000 entwickelte, wie *Show Me the Money* (1998), *Cave* (1999/2000), *A Mountain and a Valley (1999)*, prägen immer noch meinen aktuellen Ansatz der Kunstproduktion. Künstlergruppen wie Bank waren damals höchst einflussreich, und ich muss sagen, bis heute ist ihre Arbeit für mich wahnsinnig aufregend. Diese Künstler kuratierten nicht nur ihre eigenen Ausstellungen, sondern brachten auch ihre eigenen Kunstzeitschriften heraus, schrieben Artikel und managten ganz allgemein ihre eigene Kunstszene. Um dieselbe Zeit gab es immer mehr Kurse für Kuratoren, und sie wurden immer beliebter. Es fing am RCA an und verbreitete sich dann in ganz Großbritannien (und in der Welt). Die Zahl der Kuratoren stieg so stark an, dass sowohl Künstler als auch Kuratoren Fragen ihrer Identität anzusprechen begannen oder fragten, was Künstler als Künstler und Kuratoren als Kuratoren ausmacht. Der Prozess der Kategorisierung begann, und dann wurde meine Praxis auch kategorisiert; manchmal wurde ich einfach als Künstlerin bezeichnet, aber immer öfter als Kuratorin, Forscherin, Sammlerin und so weiter. Es ist schwer zu sagen, wann genau es damit losging, aber ich erinnere mich, dass ich schon in den späten 1990er Jahren von diesem Phänomen verblüfft war. Ich sah meine Praxis, zu der oft die Einbeziehung der Arbeiten anderer Künstler gehörte, als eine Weiterführung einer langjährigen Tradition und hielt das keineswegs für besonders innovativ. Man denke nur an die Geschichte dieser Praxis, zu der Duchamp (*Sixteen Miles of String*, für die Ausstellung *First Papers of Surrealism* in New York 1942, oder *Zwölfhundert von der Decke über einem Herd hängende Kohlesäcke*, *Exposition internationale du surréalisme*, Galerie Beaux-Arts, Paris, 1938) und El Lissitzky (*Kabinett der Abstrakten*, produziert für Alexander Dorners Projekt der *Atmosphärenräume* im Landesmuseum in Hannover 1927) gehören. Ich denke, weil ich bis 1989 in Polen gelebt habe, hatte ich noch nicht so viel von der Idee einer künstlerischen Marke als einer kommerziellen Ware mitbekommen, die für viele im Westen lebende Künstler typisch war. An eine gemeinsame Kunst-produktion innerhalb einer Gruppe war ich eher gewöhnt, als allein zu arbeiten. Was die Menschen „kuratieren" nannten, war für mich einfach Teil meiner künstlerischen Praxis, was für mich bedeutete, meine Freunde in das, was ich machte, einzubeziehen und meine Arbeit neben ihrer Arbeit zu kontextualisieren.

Meine künstlerische Praxis wird immer noch so beschrieben, dass ich die Rollen der Künstlerin, Kuratorin, Sammlerin, Forscherin und Ausstellungsdesignerin übernehme. Am besten beschreibt man diese Kategorien, mit denen meine Praxis häufig assoziiert wird, so, dass sie „meine Position innerhalb einer kunsthistorischen Taxonomie bestimmen und mich zu deren Teil machen". Ich arbeite mit einer Vielzahl unterschiedlicher Medien, dazu gehören Skulptur,

I'll give you an example: For *International Institute of Intellectual Co-operation* I worked on a series of sculptures based on the idea of an intellectual exchange. The nature of this project allowed me to accumulate a large amount of research material relating to this field. Studying verbal and written exchanges of many significant individuals, as well as groups of people, one can trace the human need and desire to evolve solutions to shared problems. Conversations between people like Einstein and Freud on how to stop war, or the exchange of views between Marx and Engels on the importance of the abolition of the social oppression of the working classes, for example, have been a major inspiration to younger generations and to demarcate the endings of particular eras. In my sculptural arrangements I have brought people together from different historical eras and areas of study and placed them in a hypothetical exchange of ideas. In 2016, I took this idea further and actually organized a series of meetings between intellectuals and creative people in the UK to attempt to further the project. As the European Union reels from the result of the UK referendum, potentially resulting in the UK's exit from the EU, we again face significant problems that require a greater diversity of expertise than is offered by current political agents, structures and agendas.

The interview was conducted in writing by Eva Kraus, Anja Skowronski and Sophia Petri.

Installation, Fotografie, Architektur und Design wie auch Performance und Video. Ich versuche, meine eigenen klassifikatorischen Systeme für die Produktion von und das Erinnern an Wissen zu schaffen. Ich projiziere mich nicht unbedingt in die Kategorien, mit denen meine künstlerische Praxis bezeichnet wird, aber ich erkenne die Notwendigkeit eines Prozesses der Klassifizierung an, um zu versuchen, eine Struktur oder ein System auf das Sammeln historischen Materials anzuwenden. Die Methoden des Kunstmachens sind sehr individuell, und Künstler versuchen nicht immer, ihre Position in der Geschichte auf diese Weise zu definieren. Die Klassifizierung von Künstlern und ihren Arbeiten wird normalerweise von Kritikern, Kuratoren und Kunsthistorikern vorgenommen. Die aktuelle Beteiligung von Künstlerinnen und Künstlern am Management ihrer Arbeit – und dazu gehört auch der Verkauf der Arbeiten – könnte ein Zeichen für notwendige Veränderungen sein, die gerade stattfinden und eine Umstrukturierung der Dynamik der Kunstwelt anstreben. Künstler sind durchaus in der Lage, ihre eigenen Ausstellungen zu kuratieren und auch alles andere zu machen, was nötig ist, um ihre Werke zu produzieren, sie bekannt zu machen und zu kontextualisieren, und das wird oft übersehen.

Du arbeitest mit vielen unterschiedlichen Medien. Wie entscheidest Du, welches Medium für ein Projekt jeweils das richtige ist?

Ich habe eigentlich keine große romantische Verbindung zu einem Medium. Ich arbeite ein paar Jahre mit einem bestimmten Medium, aber es kommt immer ein Punkt, wo ich aufhöre und mit etwas anderem arbeite. Tatsächlich arbeite ich gleichzeitig mit unterschiedlichen Medien. Als ich mich beispielsweise mit dem Medium des Wandteppichs beschäftigte, habe ich mich für die flämische Tradition der Wandteppiche interessiert und für die Geschichte und Motive der Mäzene, die diese Teppiche in Auftrag gaben. Der erste Wandteppich, den ich 2009 gemacht habe, hieß *Plus Ultra*, für die 53. Biennale von Venedig. Dieser Teppich bezog sich auf die Geschichte von Kaiser Karl V., der viele Wandteppiche in Auftrag gab, als eine Form der Propaganda, um seinen politischen und militärischen Status zu festigen. Karl V. war wegen seiner Beteiligung an der Expansion Europas und der Entdeckungen seiner Ära wichtig. „Plus ultra", was „immer weiter" bedeutet, war Karls Wahlspruch und zeugt von einer Einstellung zur Welt damals, Teil der Geschichte des Kolonialismus und des Imperiums. Dieser Wahlspruch wurde häufig auf einem um zwei Säulen gewickelten Banner gezeigt, die Säulen des Herkules (die Straße von Gibraltar), die den Rand der „bekannten Welt" darstellten. Und dieses Bild eines S-förmig um zwei Säulen geschlungenen Banners soll auch das Dollarzeichen repräsentieren. *Plus Ultra* erkundet, wie sich diese Geschichten mit unserer zeitgenössischen politischen Szene überschneiden, und ein Wandteppich erschien mir als das passendste Medium, um alle diese Ideen zu kommunizieren.

Um dieselbe Zeit arbeitete ich an einem Projekt für die Whitechapel (*The Nature of the Beast*, 2009). Ich suchte nach einem *Guernica*-Ersatz für die Ausstellung und begegnete dem *Guernica*-Wandteppich, der in den Vereinten Nationen hängt und während Colin Powells Rede, mit der er eine Invasion des Irak forderte, überdeckt wurde. Die Bedeutung dieses Akts führte mich zu einer genaueren Auseinandersetzung mit diesem Medium. Neben seiner historischen Relevanz war der Wandteppich eine gute Lösung für mich, weil er es mir ermöglichte, ziemlich große Arbeiten zu produzieren, die sich relativ einfach transportieren lassen; es war eine vollkommen andere Situation, als wenn man es mit Fotografie

oder Malerei zu tun hat. Le Corbusier nannte Wandteppiche „nomadische Wandmalereien". Und natürlich sind sie so nah an Propagandakunst, weshalb dieses Medium es mir ermöglicht, Anliegen anzusprechen, die über kunsthistorische Verweise weit hinausgehen. So entscheide ich mich normalerweise, mit einem Medium zu arbeiten, das auf irgendeine Art für mein Thema relevant ist, und nicht umgekehrt.

Während Deines Studiums in London war die Kunstszene sehr fokussiert auf künstlerische Positionen aus Großbritannien (Stichwort YBA). Wie hast Du die Zeit erlebt? Und wie wurdest Du selbst wahrgenommen?

Ich hatte keinerlei Beziehung zu den YBA (Young British Artists). Ich habe ihre Sprache nicht verstanden, auch nicht die Wurzeln ihrer Praxis und generell die Kultur, die sie mit ihrer Arbeit vermittelten, als ich nach Großbritannien kam. Ich fand das alles ein bisschen nationalistisch. Die Gruppe war in ein ganzes Netzwerk aus Galerien, Kritikern, Kunstzeitschriften und Sammlern eingebunden. Ich war nie Teil davon, und ich glaube, es wäre ziemlich uncool gewesen, mit einem polnischen Akzent zu sprechen, die Fernsehserie *EastEnders* nicht zu kennen und nicht zu schauen, und einfach gar nicht zu verstehen, wovon die überhaupt sprachen. 1996, als ich mit meinem Studium fertig war, fingen die Leute an, über den britischen Kontext hinauszuschauen. Diese Szene hatte ihre Grenzen, und interessantere Sachen passierten auf der Welt, die viel spannender waren, als die Verkörperung des Todes in mit Formaldehyd konservierten Tieren zu betrachten. Die Faszination, die die YBA auf internationale Kuratoren ausübten, ließ ebenfalls nach, und zwar so sehr, dass die Leute überhaupt nicht mehr mit britischen Künstlerinnen und Künstlern arbeiten wollten. Es scheint, der Kontext der Kunstszene in einem Land wie Großbritannien hat eine natürliche Begrenzung; er überlebt nur für eine kurze Zeitspanne, zum Teil wegen externer Einflüsse, aber auch wegen interner Ränkespiele und Hierarchien. Ich galt nicht als britisch, was mir meistens zugutekam. Die Akteure in der polnischen Kunstszene wiederum hielten mich nicht für polnisch, und das war für mich schon eher eine Enttäuschung. Meine erste Ausstellung in Polen war 2011. Dieses Jahr mache ich zur Abwechslung mal bei zwei vom MSN in Warschau organisierten Projekten mit. Meine letzte institutionelle Ausstellung in London war 2009, aber das war nach zahlreichen früheren Präsentationen meiner Arbeit in Großbritannien.

Dein Werk zeichnet eine alternative Geschichte des Denkens, als ginge es Dir darum, Instrumente zu entwickeln, um an den drängenden Problemen der Gegenwart arbeiten zu können. Wo liegt die Schnittstelle zwischen Deiner Kunst und einer aus den Fugen geratenen Zeit?

Ich gebe Euch ein Beispiel: Für *International Institute of Intellectual Co-operation* habe ich an einer Serie von Skulpturen gearbeitet, die auf der Idee eines intellektuellen Austauschs basieren. Das Wesen dieses Projektes ermöglichte es mir, eine große Menge an Forschungsmaterial zu diesem Gebiet zusammenzusammeln. Beim Studium des verbalen und schriftlichen Austauschs von bedeutenden Persönlichkeiten, aber auch zwischen Gruppen von Menschen kann man das menschliche Bedürfnis und den Wunsch ablesen, Lösungen für gemeinsame Probleme zu entwickeln. Gespräche zwischen Menschen wie Einstein und Freud darüber, wie man Krieg verhindern kann, oder der Meinungsaustausch zwischen Marx und Engels über die Bedeutung der Abschaffung gesellschaftlicher Unterdrückung der Arbeiterklasse beispielsweise sind eine wichtige Inspiration für jüngere Generationen und markieren zudem das

Ende von bestimmten Epochen. In meinen skulpturalen
Arrangements habe ich Menschen aus unterschiedlichen historischen
Epochen und Wissensgebieten zusammengebracht und sie
hypothetisch ihre Ideen austauschen lassen. 2016 ging ich mit dieser
Idee einen Schritt weiter und organisierte eine Reihe von Treffen
zwischen Intellektuellen und Kreativen in Großbritannien, um das
Projekt voranzutreiben. Während die EU nach dem Ergebnis des
britischen Referendums taumelt, das potenziell den Austritt Groß-
britanniens bedeutet, sehen wir uns wieder mit erheblichen
Problemen konfrontiert, die einer größeren Vielfalt an Expertise
bedürfen, als was die aktuellen politischen Akteure, Strukturen
und Agenden anzubieten haben.

Das schriftliche Interview mit Goshka Macuga wurde von Eva Kraus, Anja Skowronski und Sophia Petri geführt.

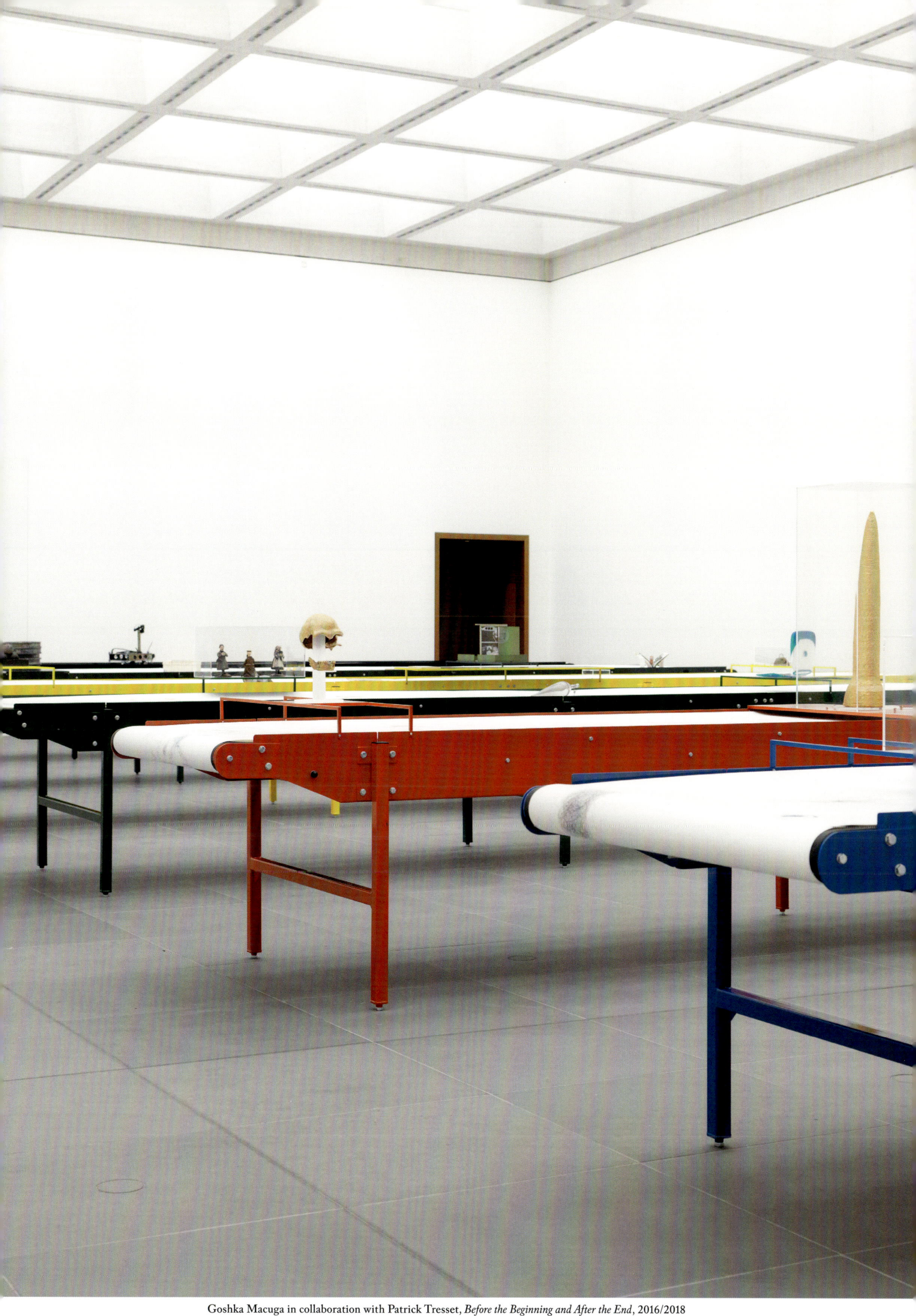

Goshka Macuga in collaboration with Patrick Tresset, *Before the Beginning and After the End*, 2016/2018

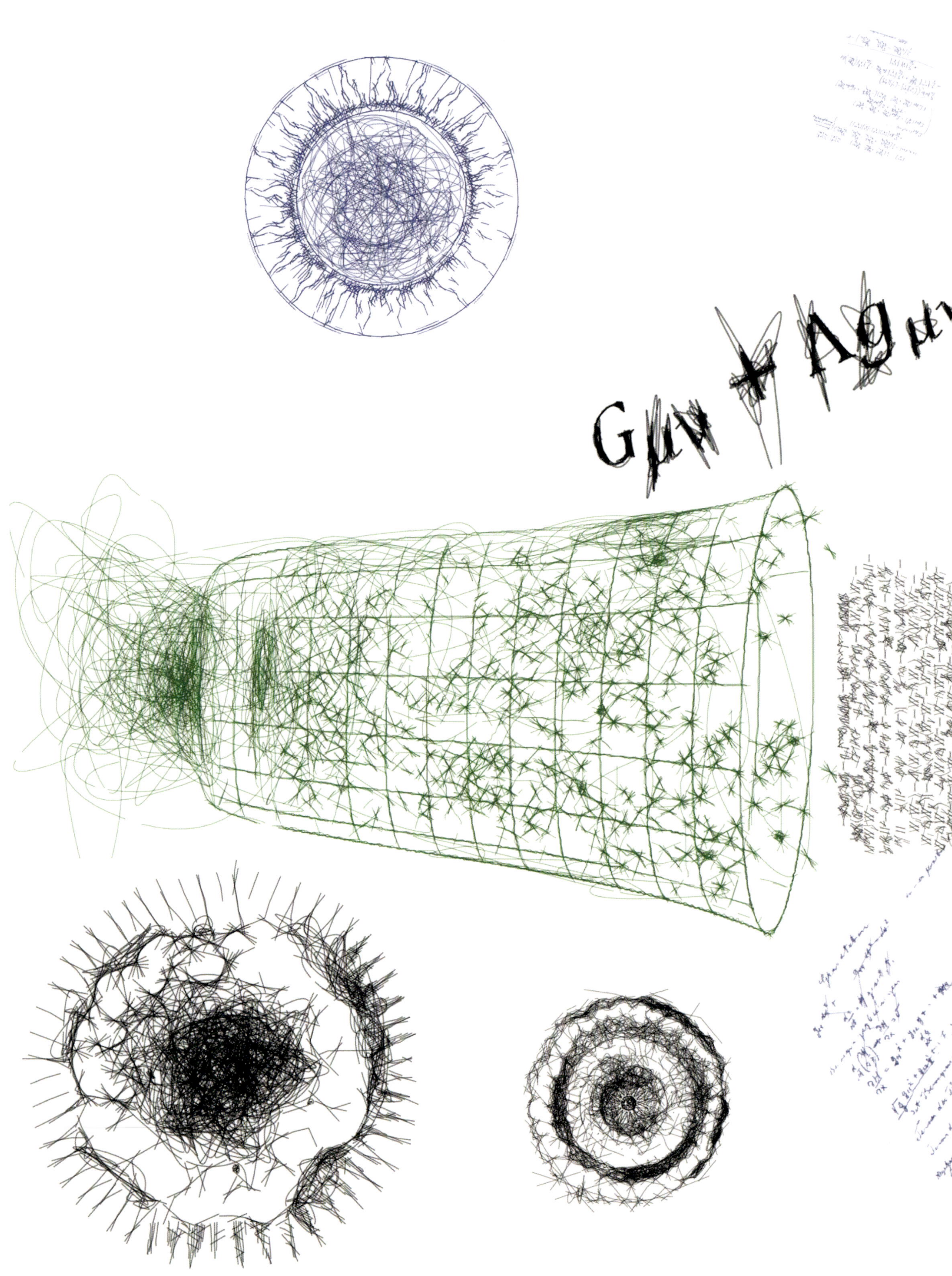
Gµν + Λgµν

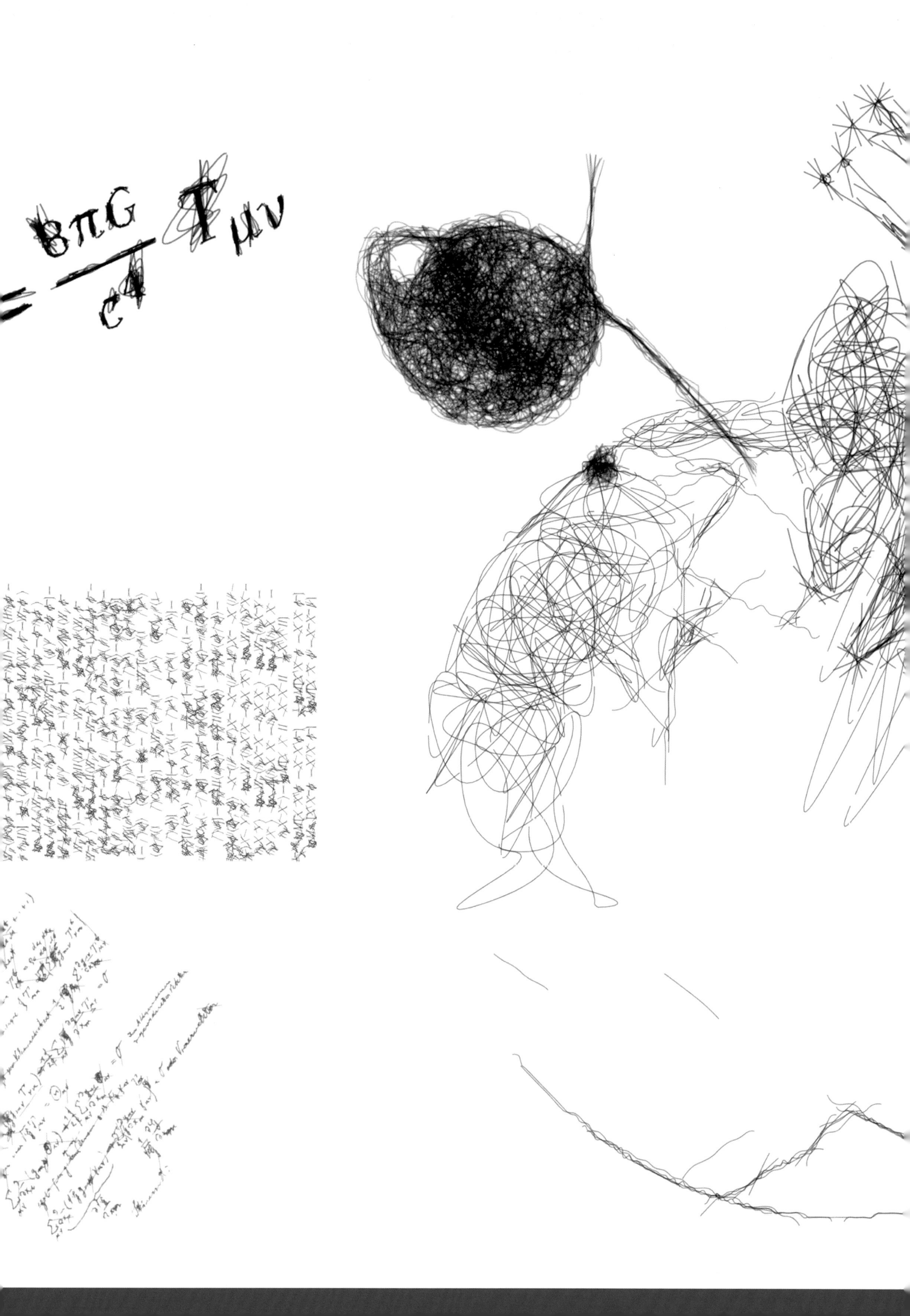

$$= \frac{8\pi G}{c^4} T_{\mu\nu}$$

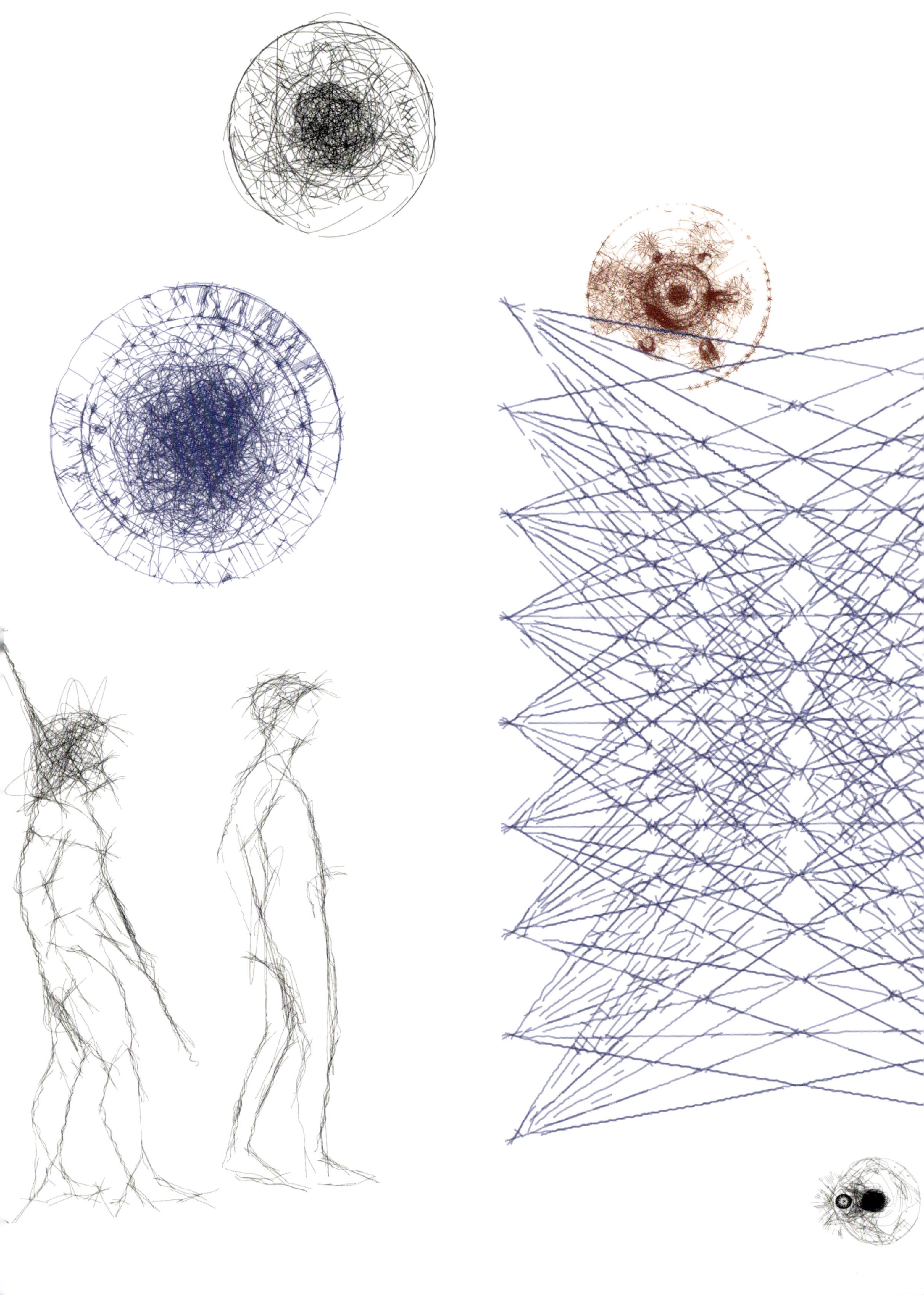

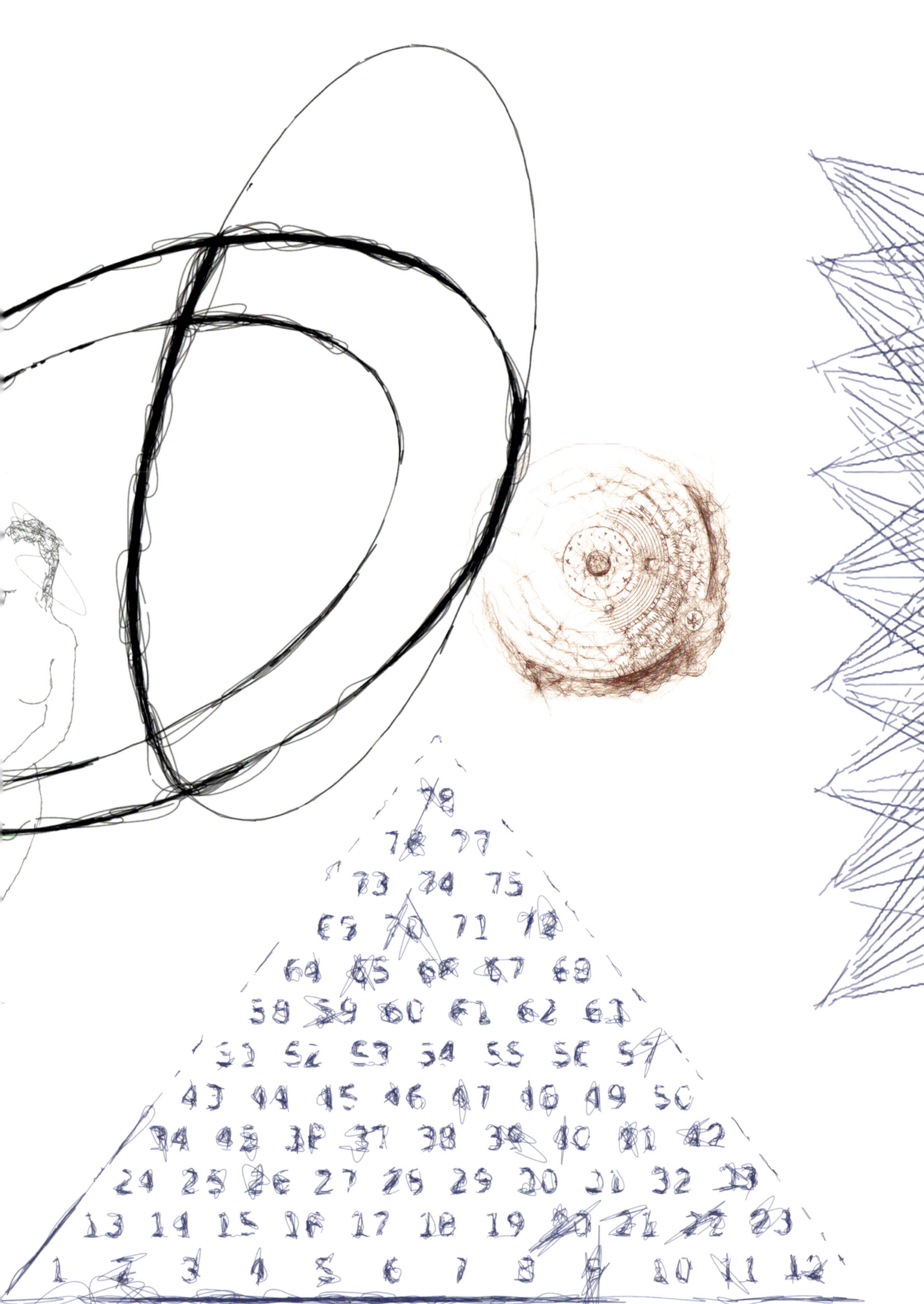

78
76 77
73 74 75
69 70 71 72
64 65 66 67 68
58 59 60 61 62 63
51 52 53 54 55 56 57
43 44 45 46 47 48 49 50
34 35 36 37 38 39 40 41 42
24 25 26 27 28 29 30 31 32 33
13 14 15 16 17 18 19 20 21 22 23
1 2 3 4 5 6 7 8 9 10 11 12

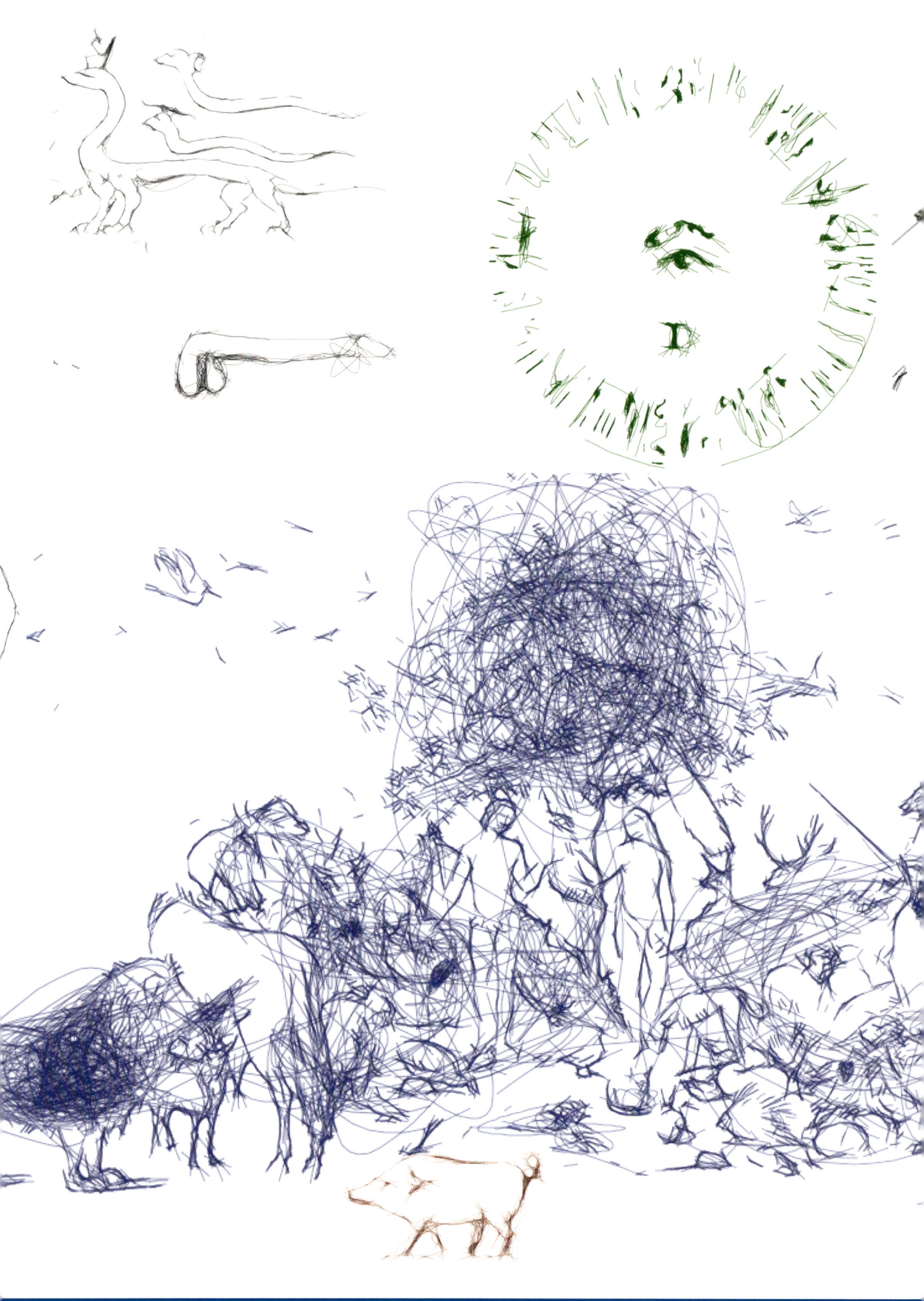

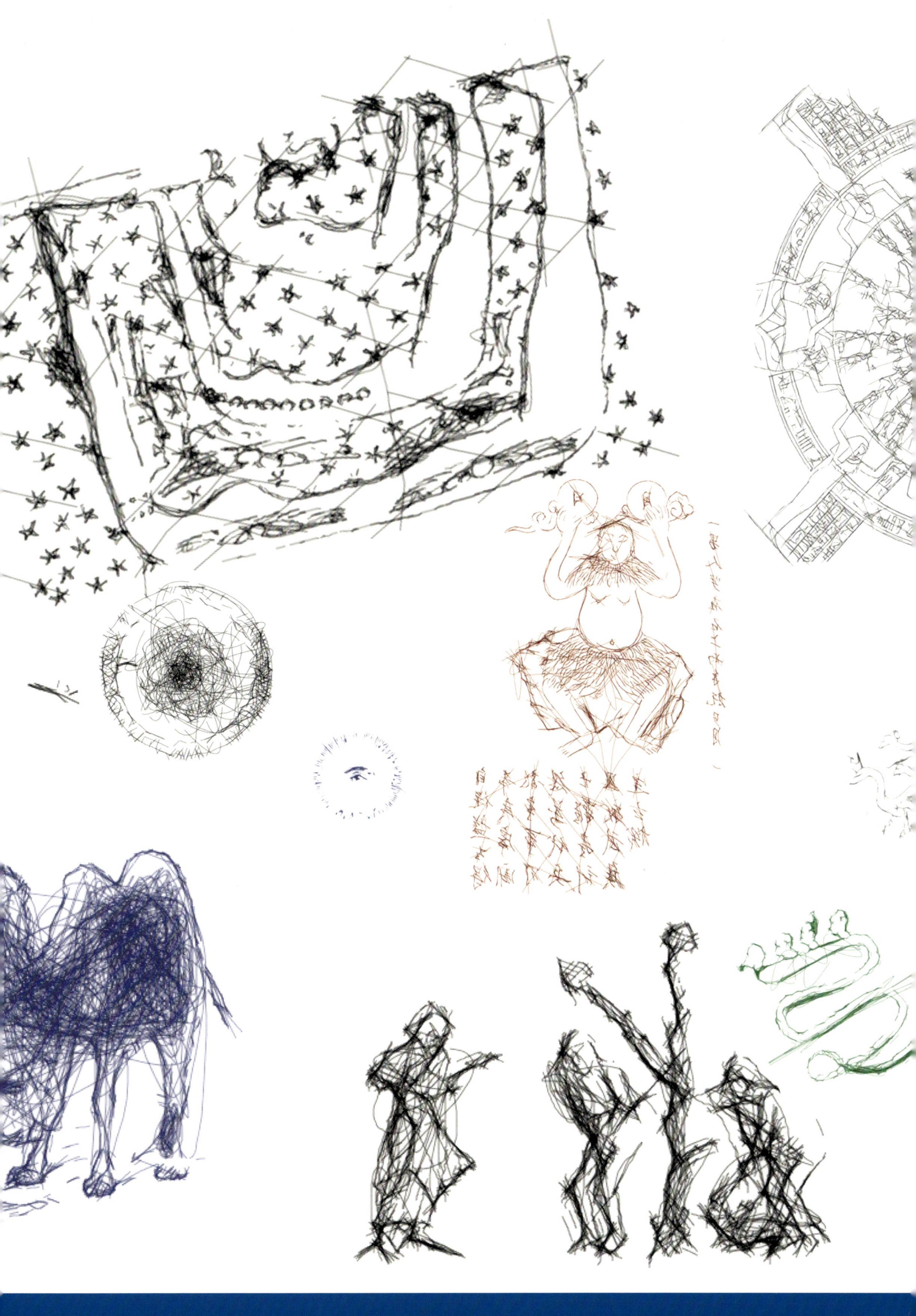

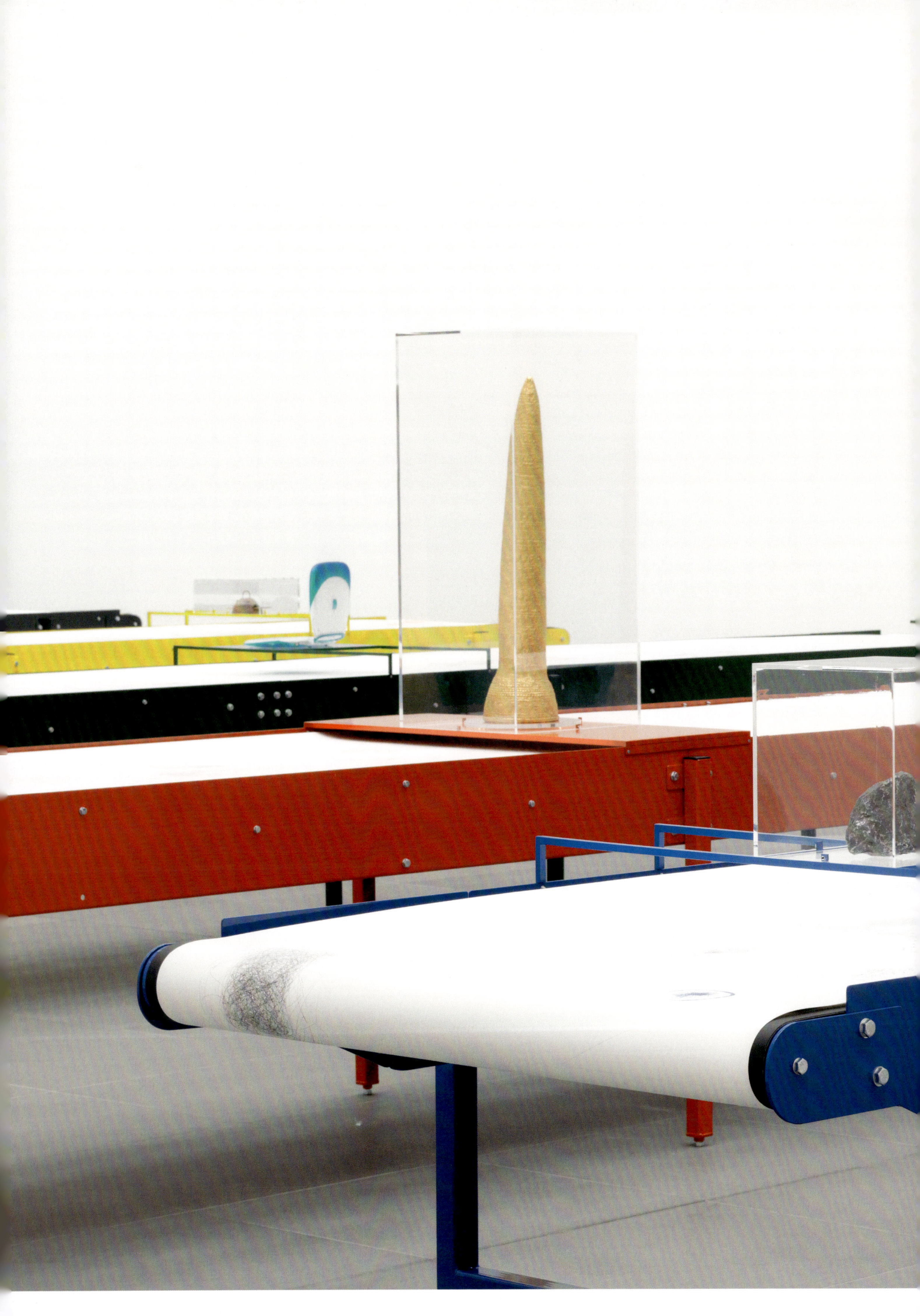

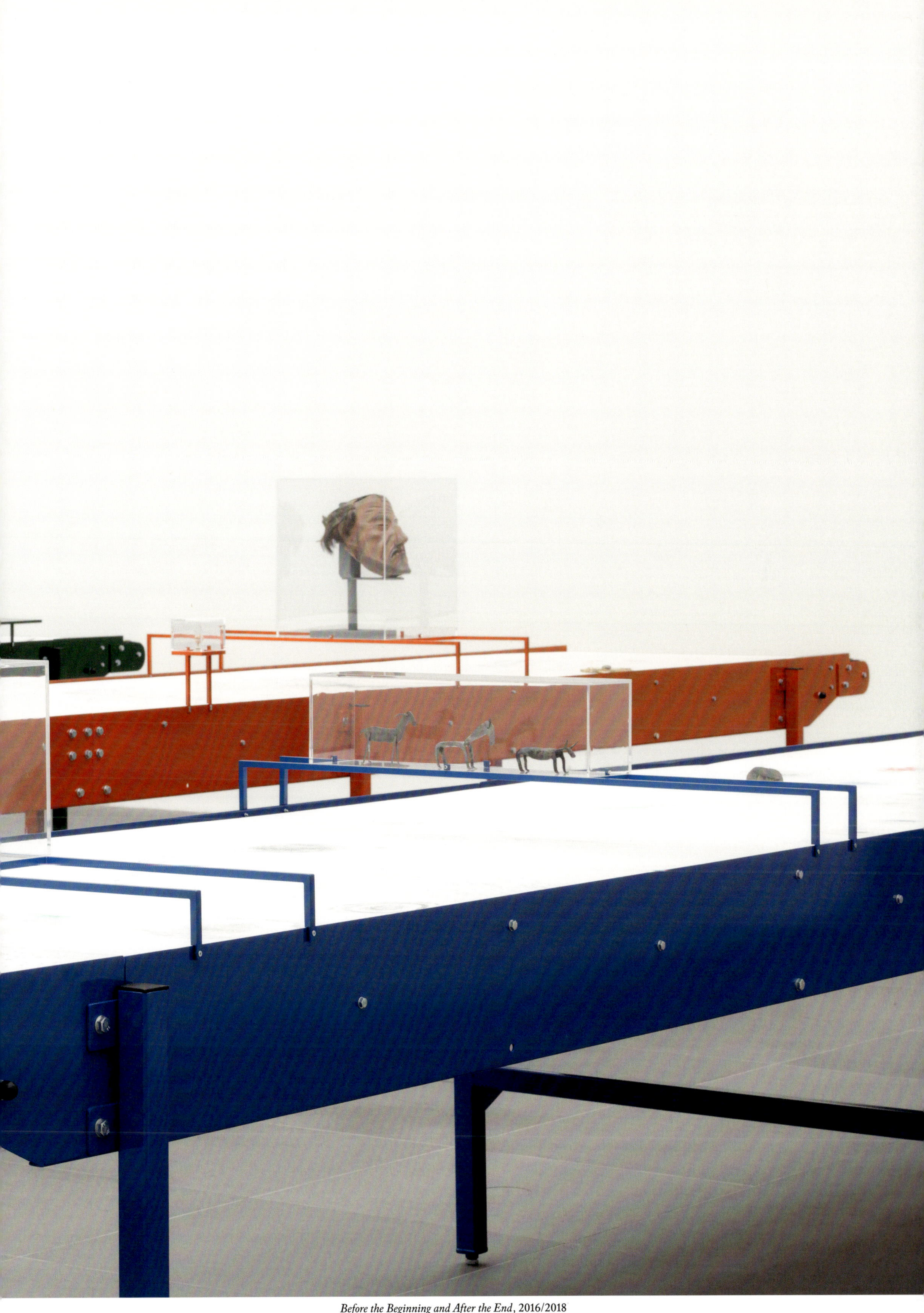

Before the Beginning and After the End, 2016/2018

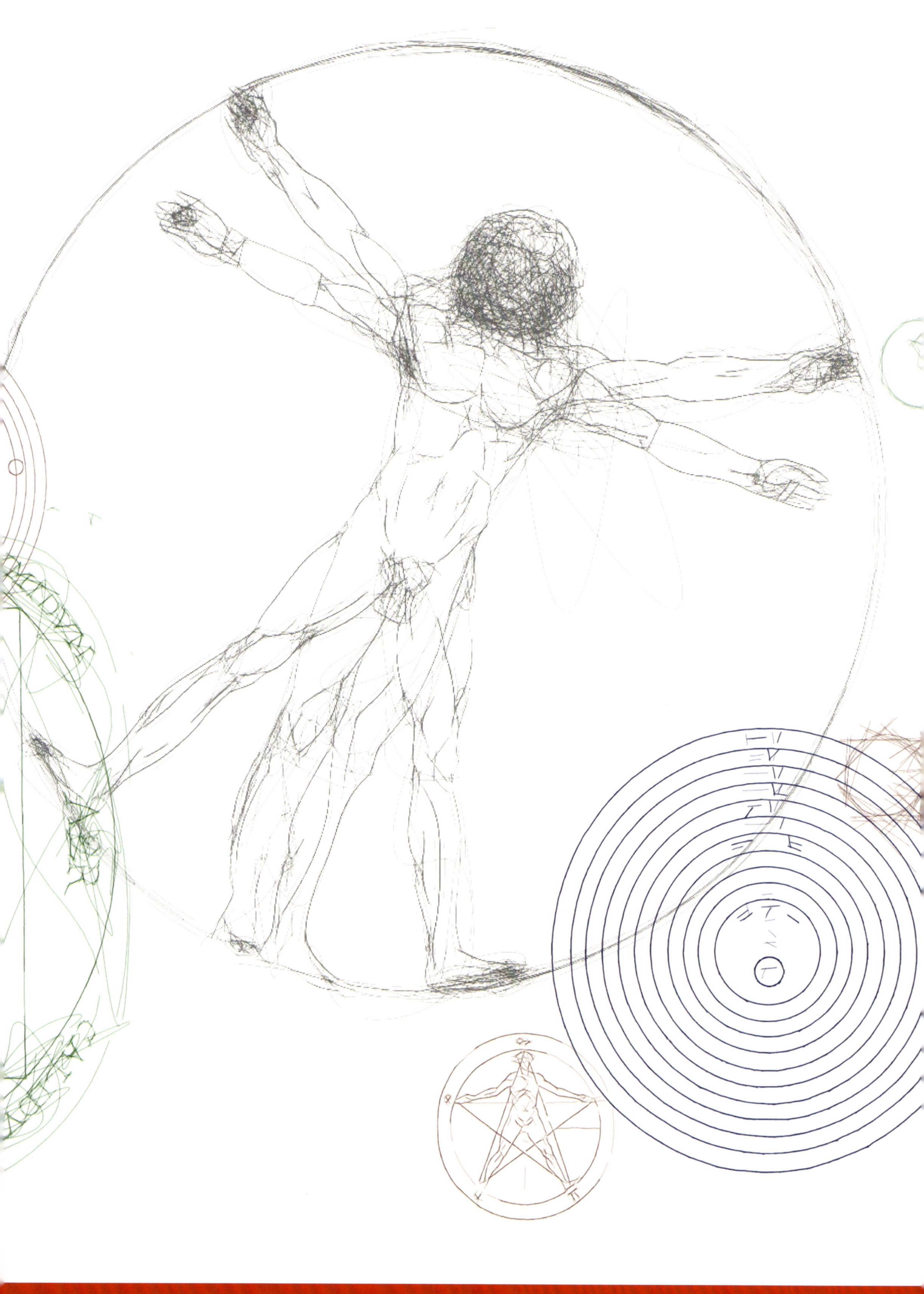

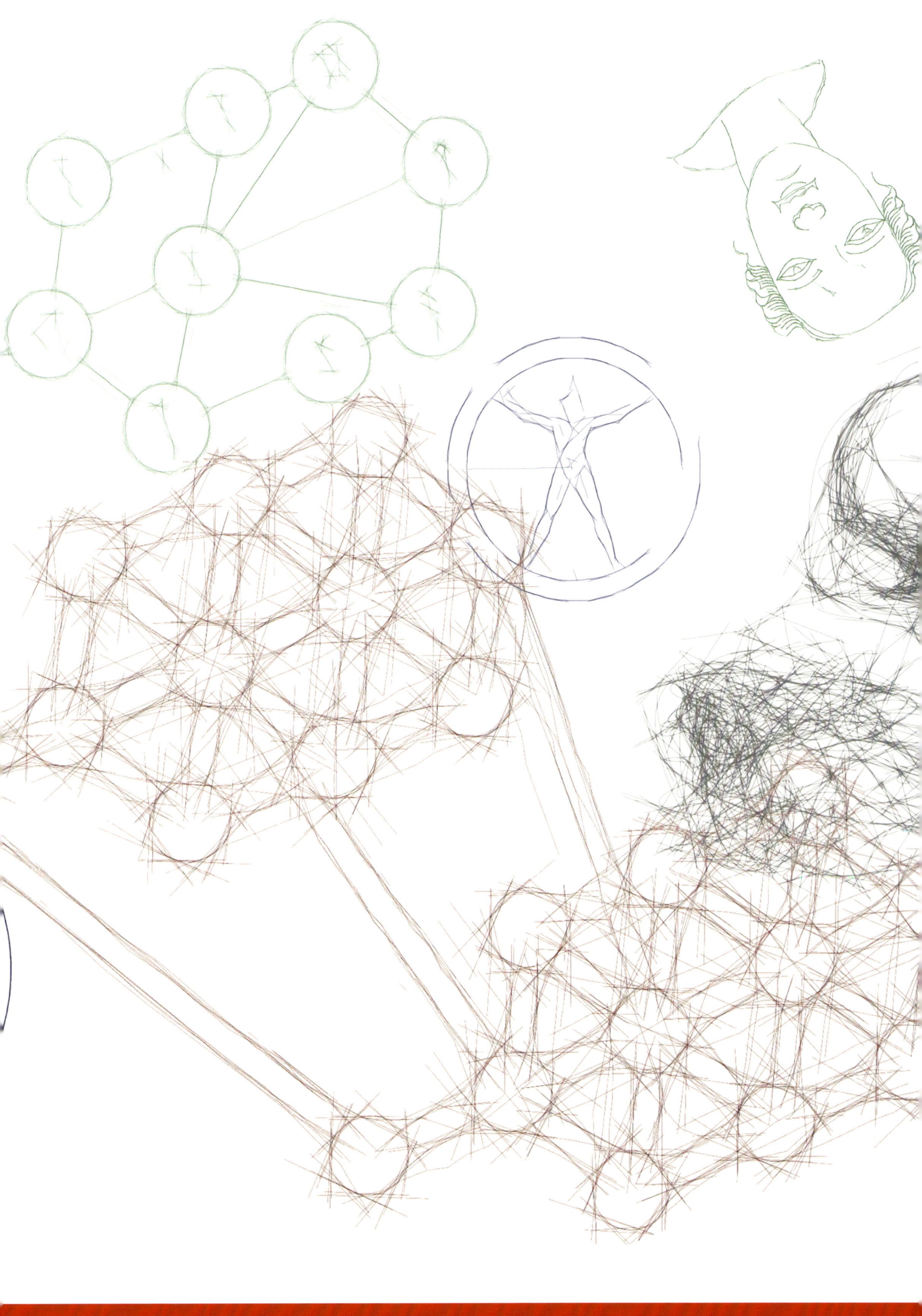

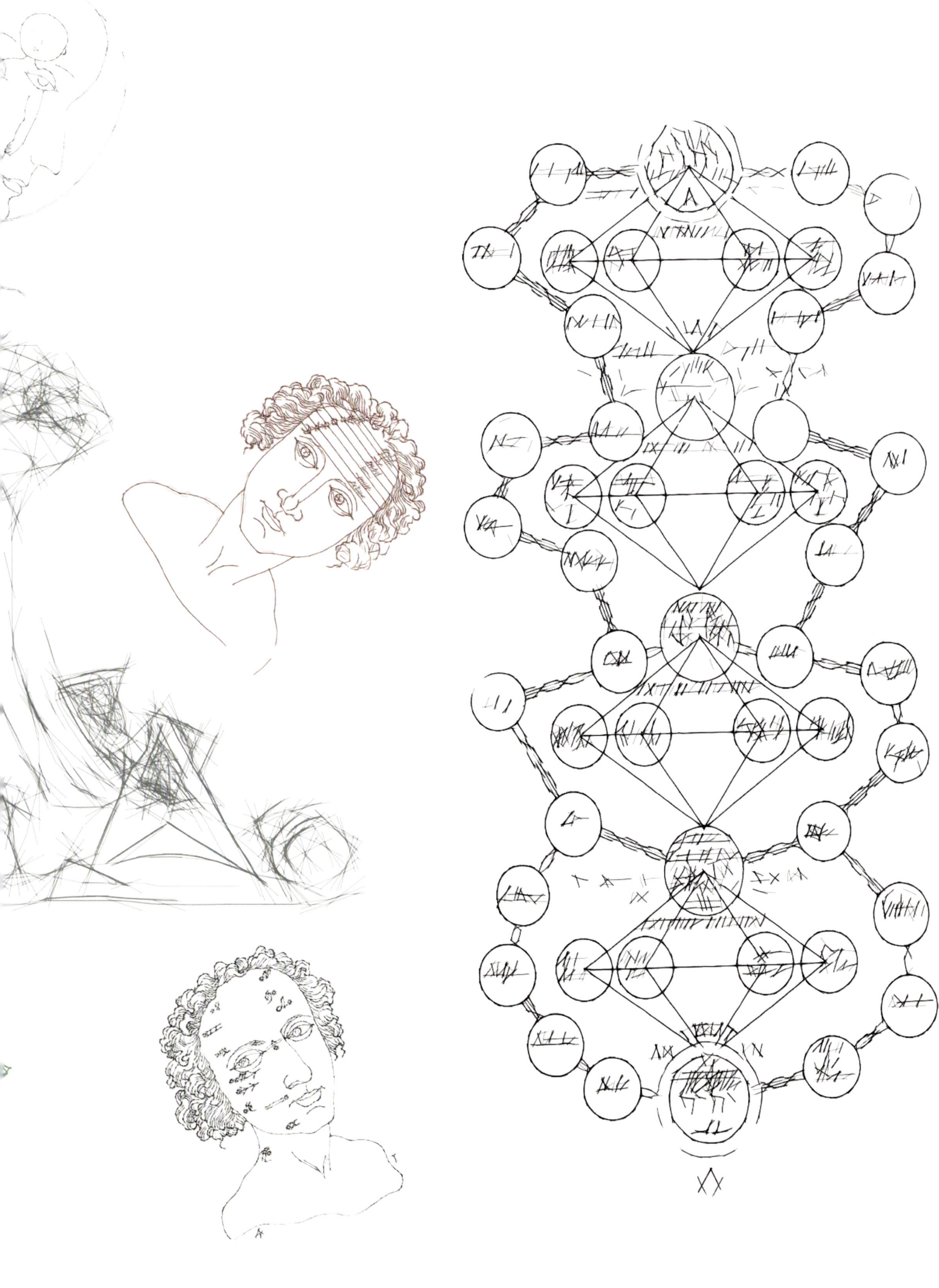

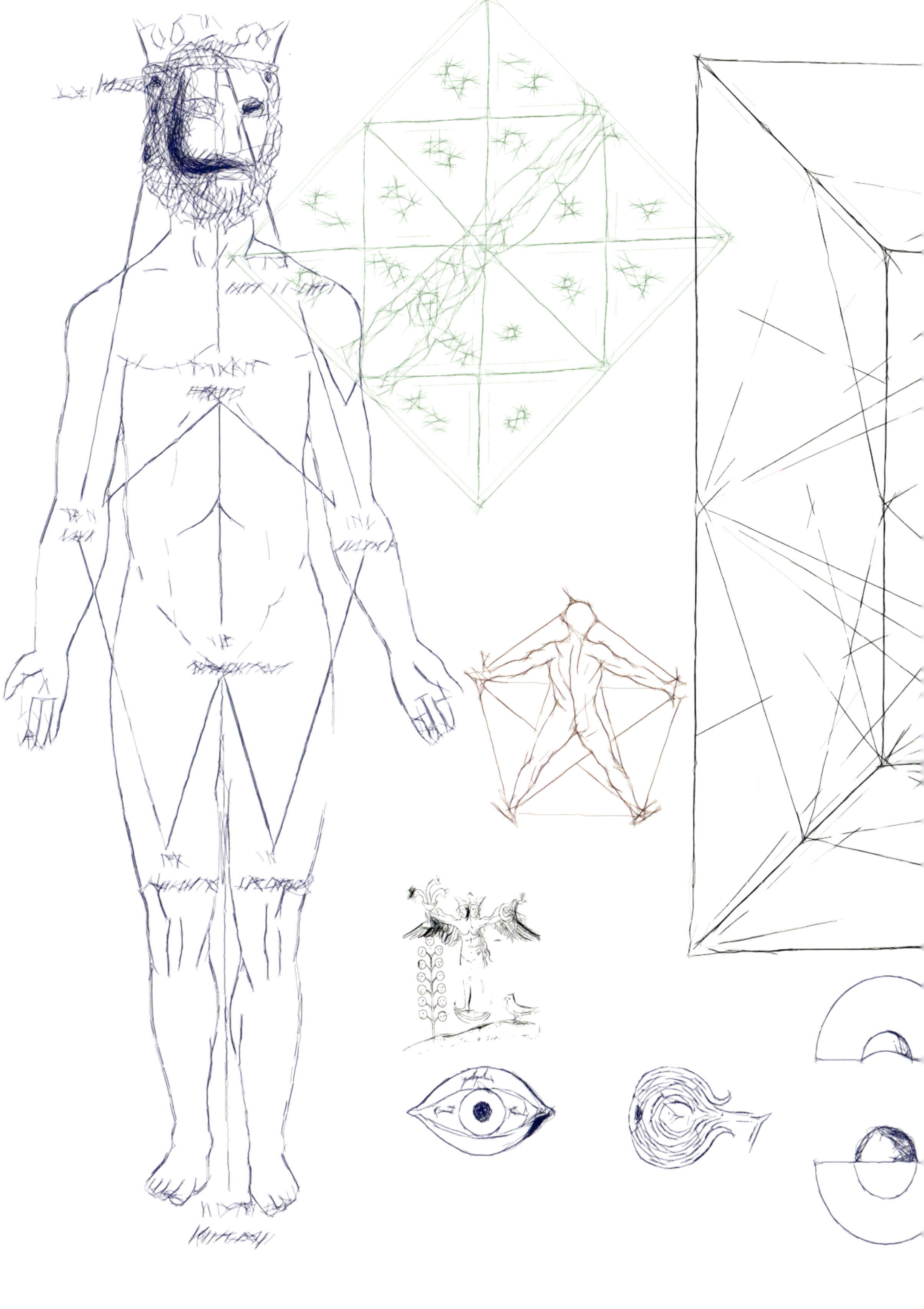

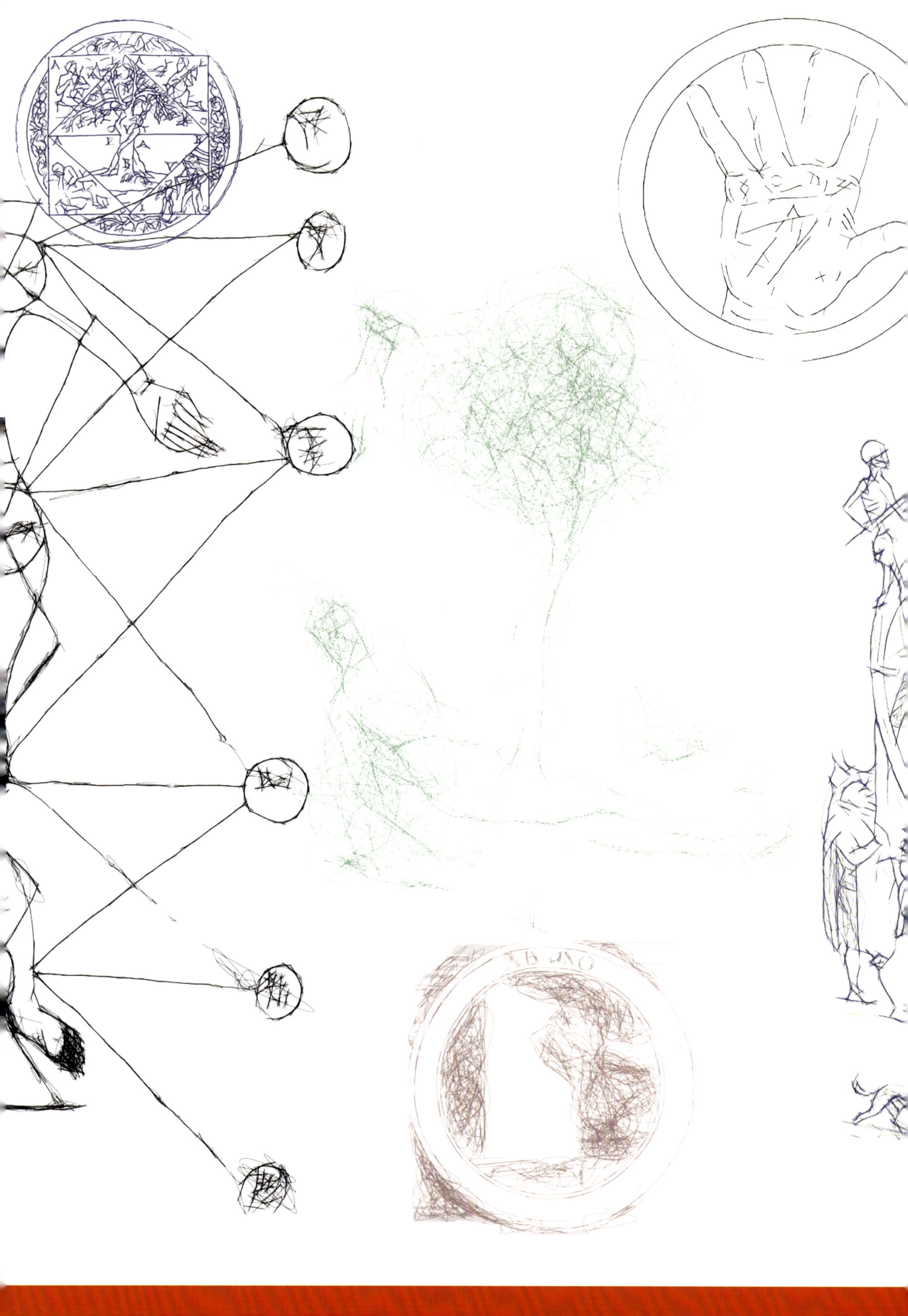

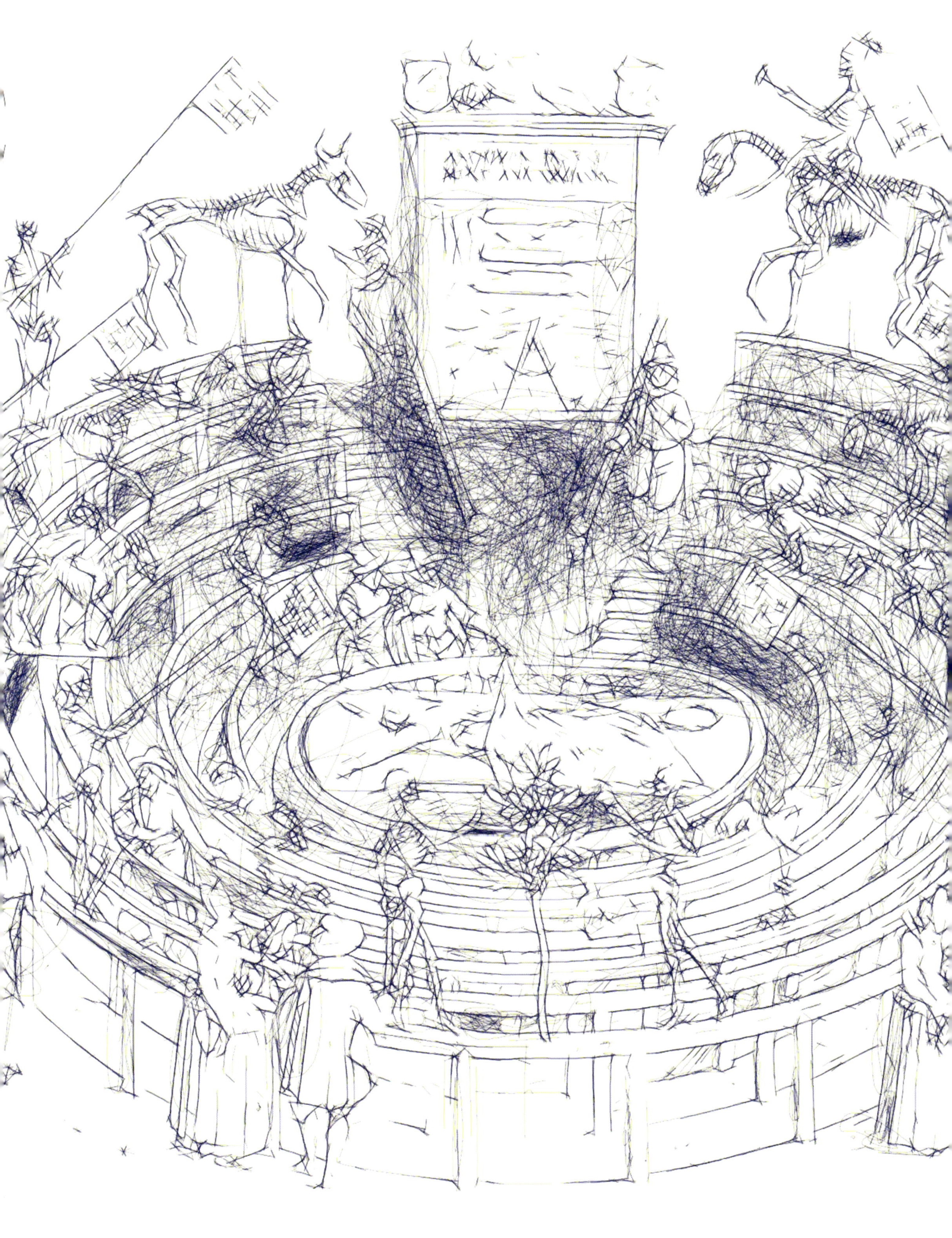

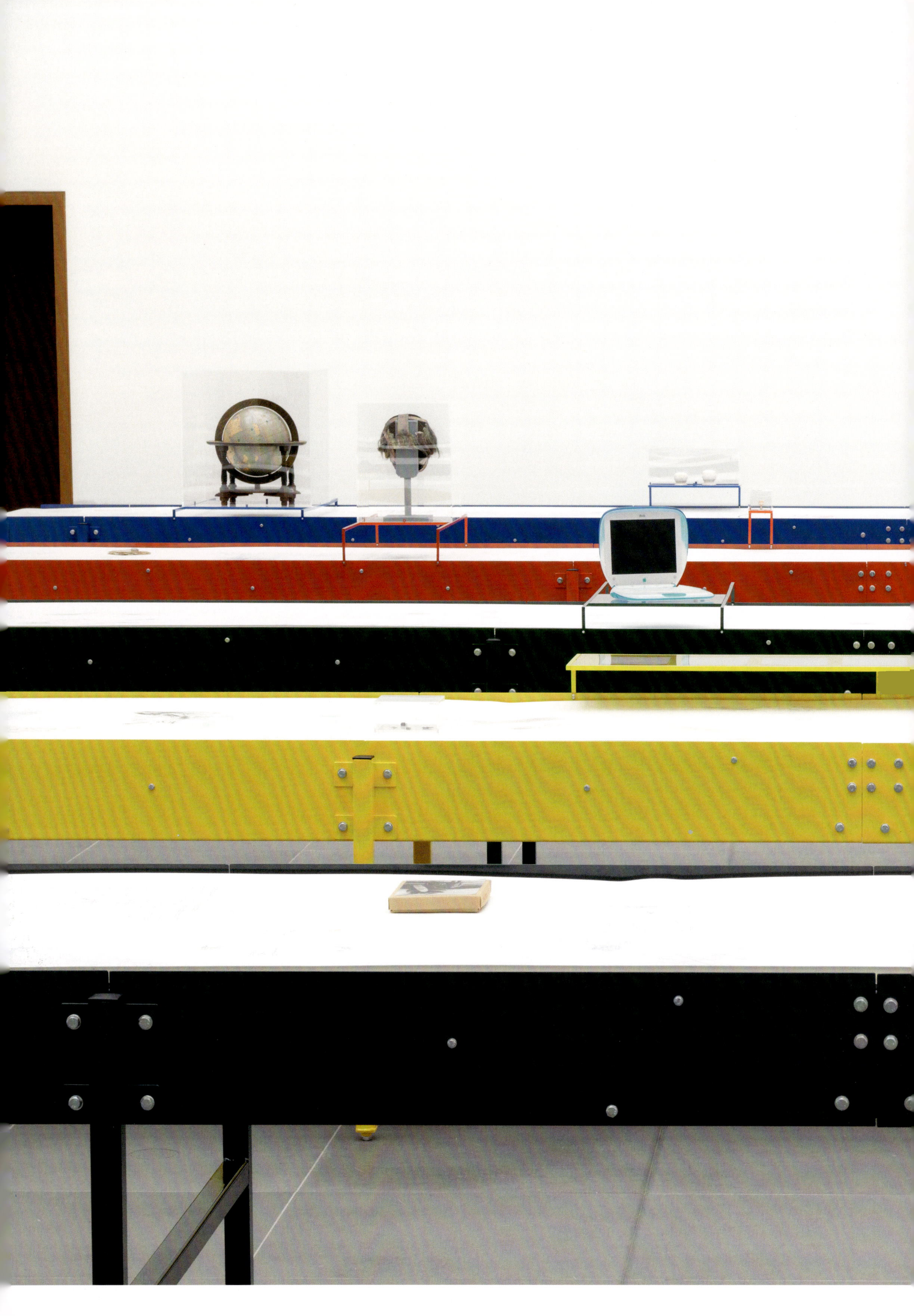

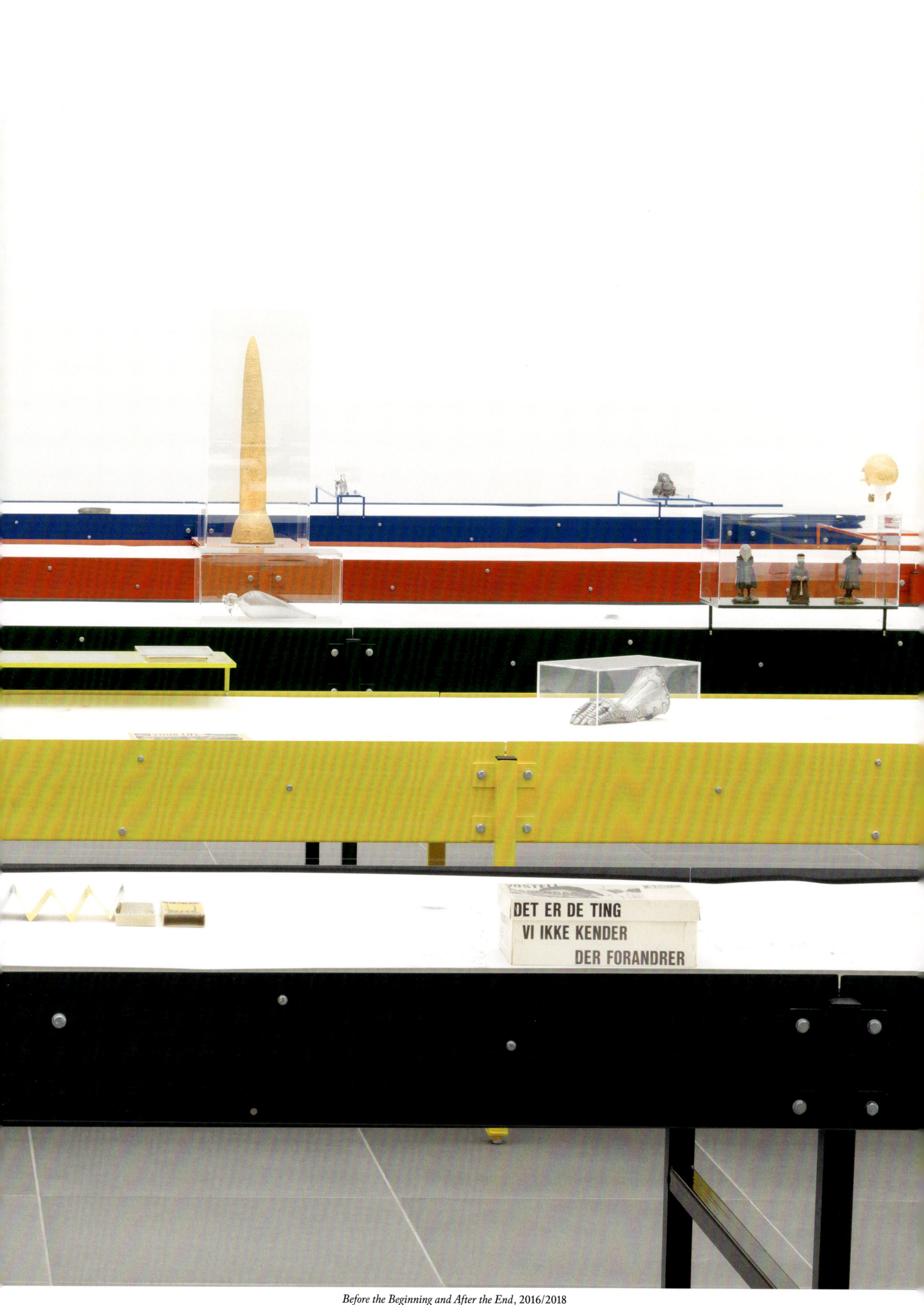

Before the Beginning and After the End, 2016/2018

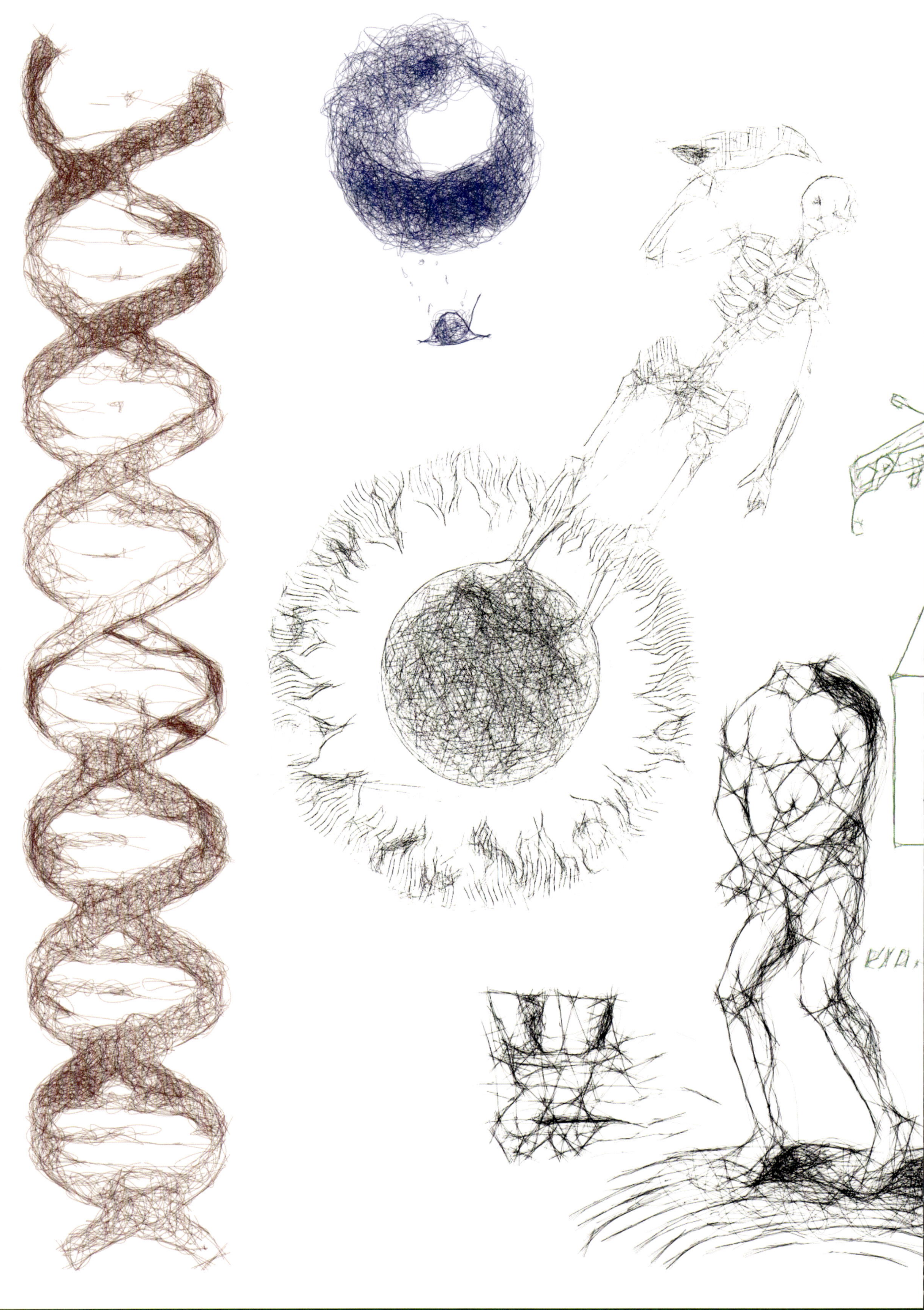

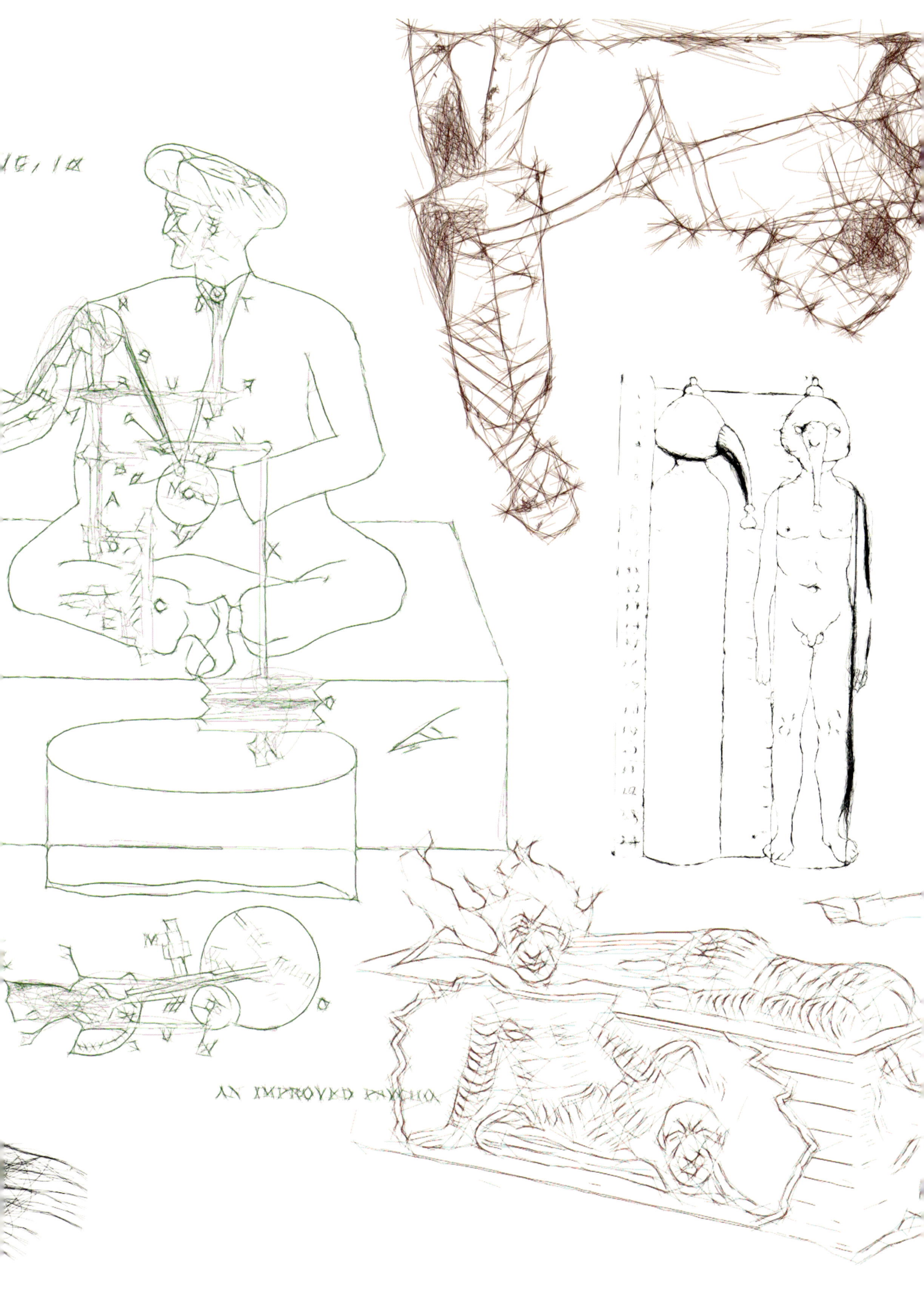
AN IMPROVED PSYCHO

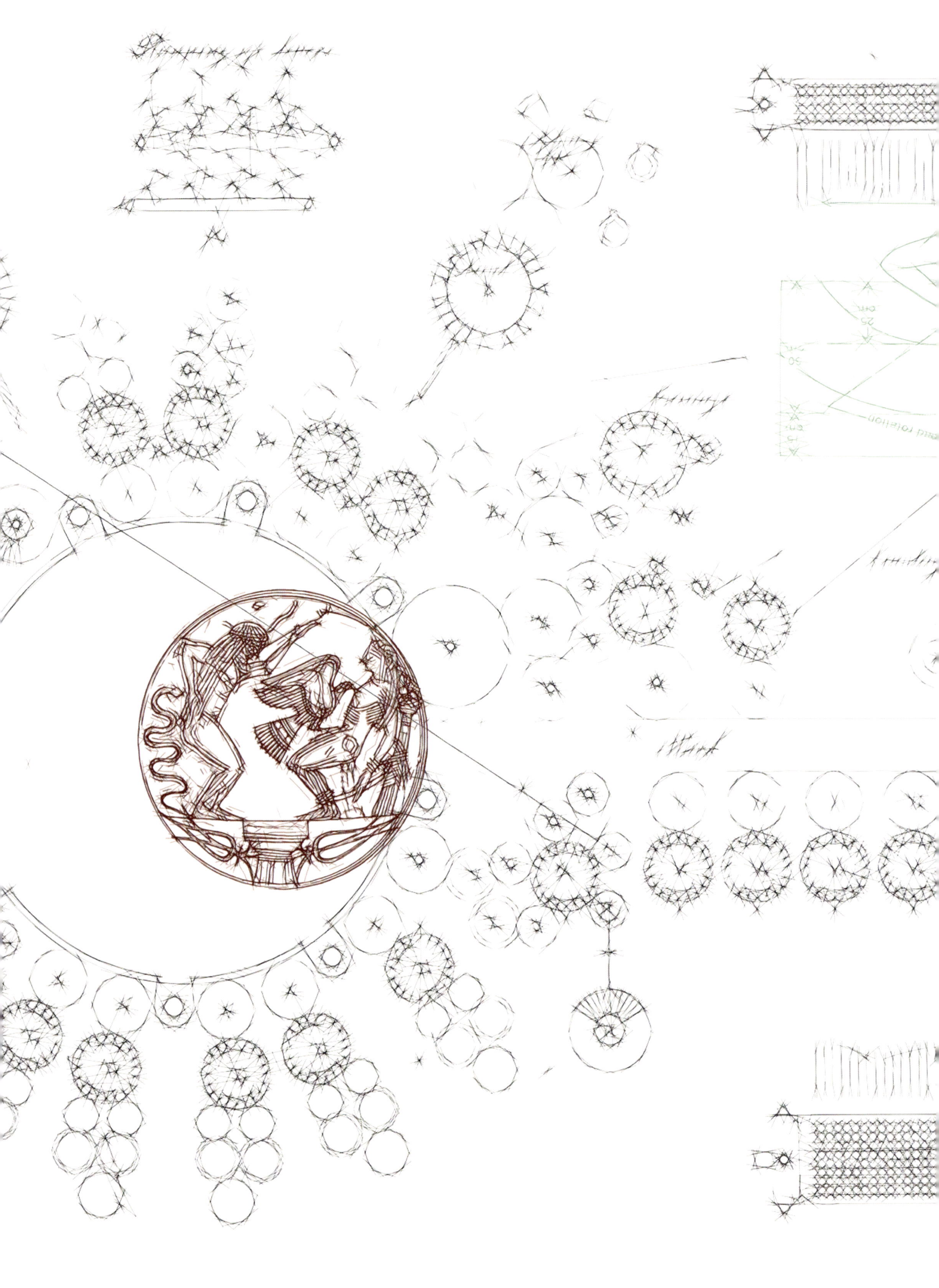

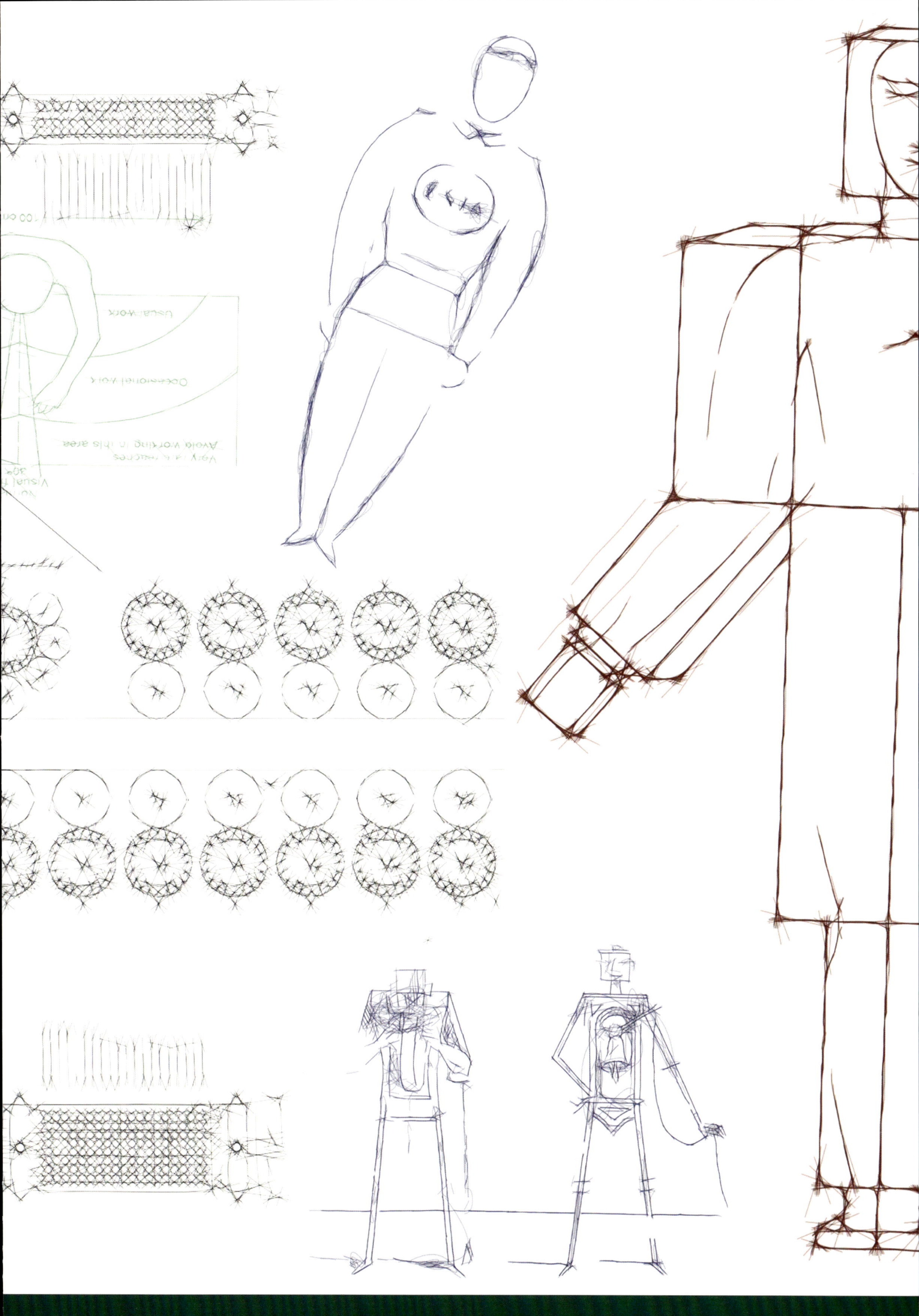

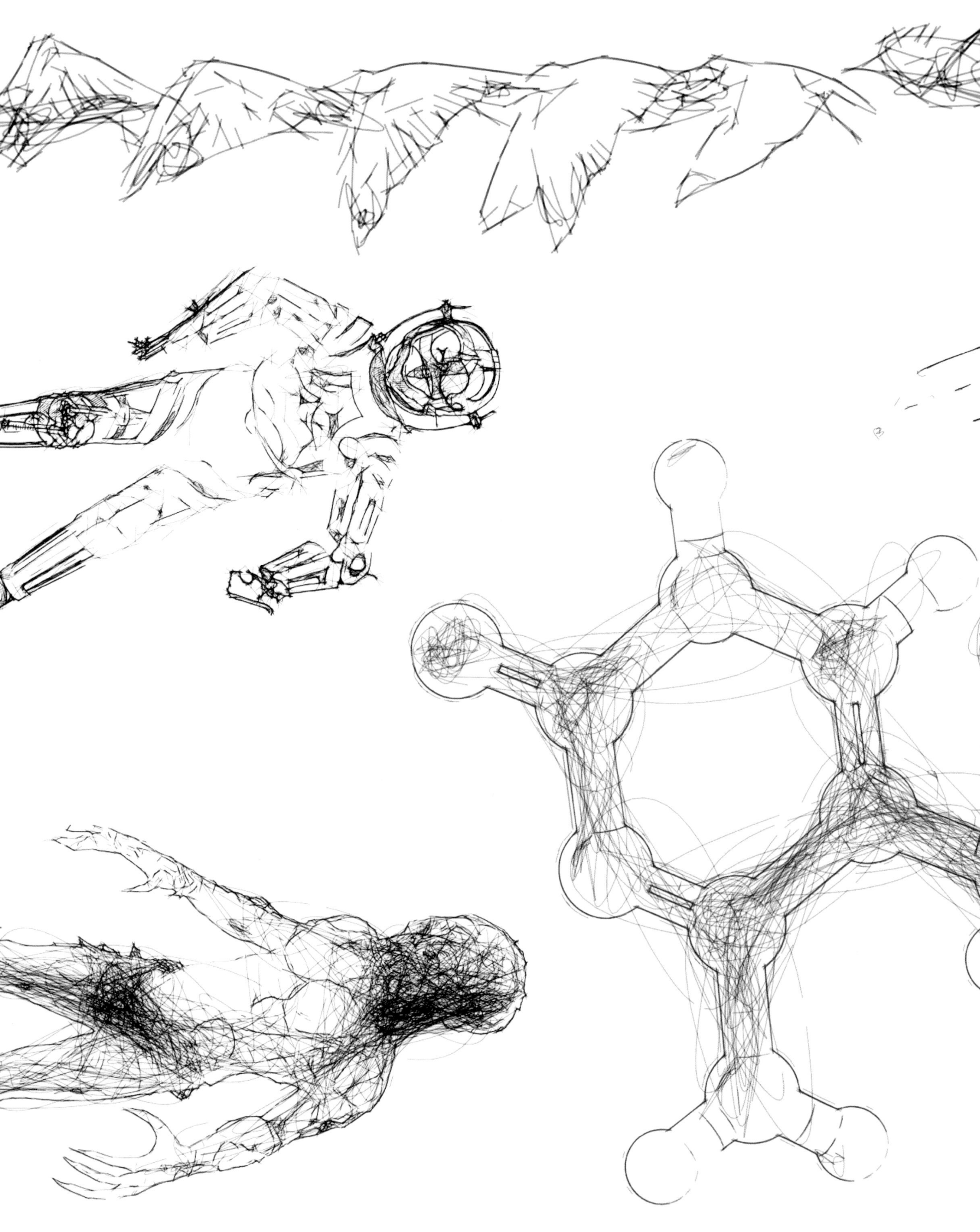

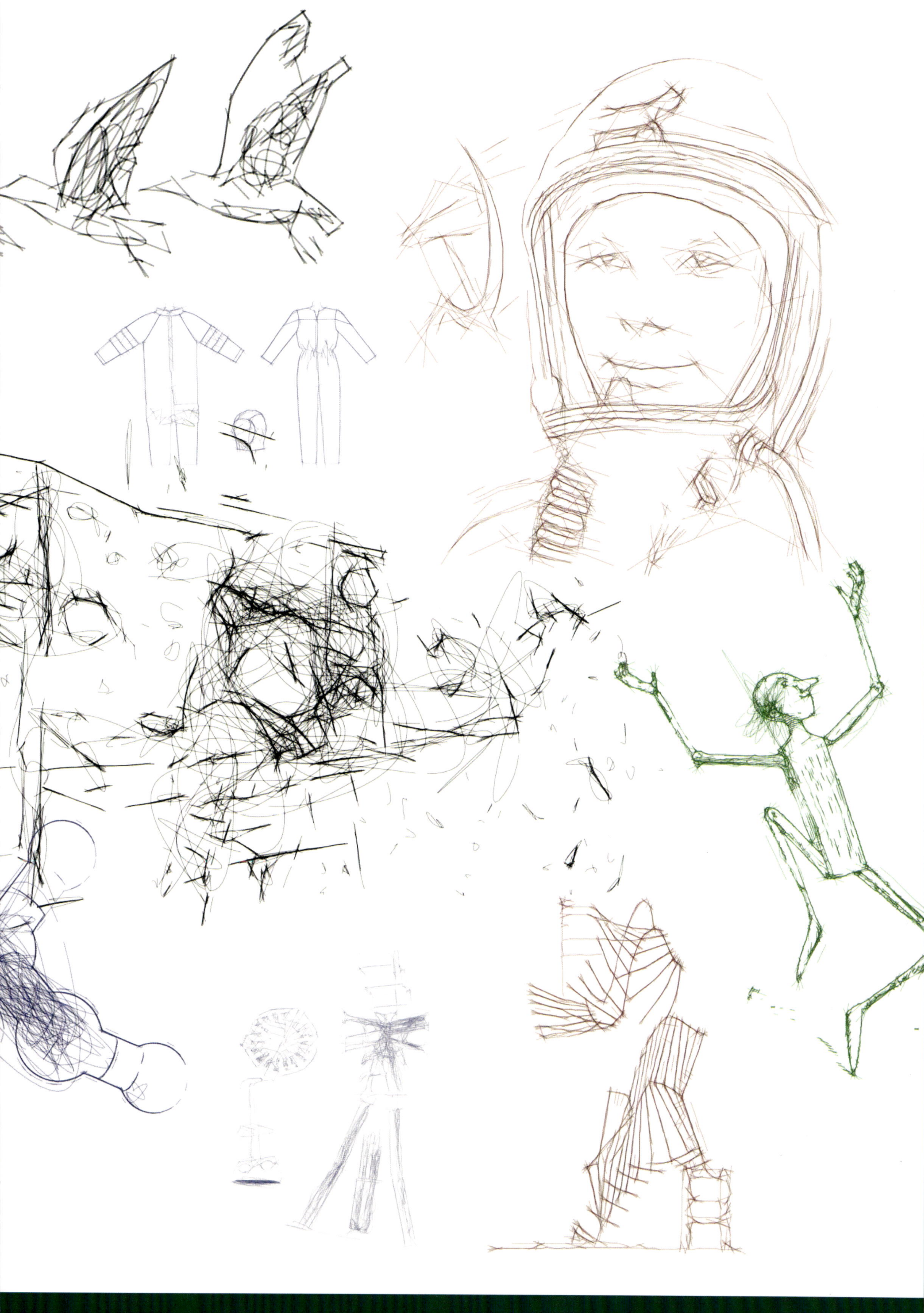

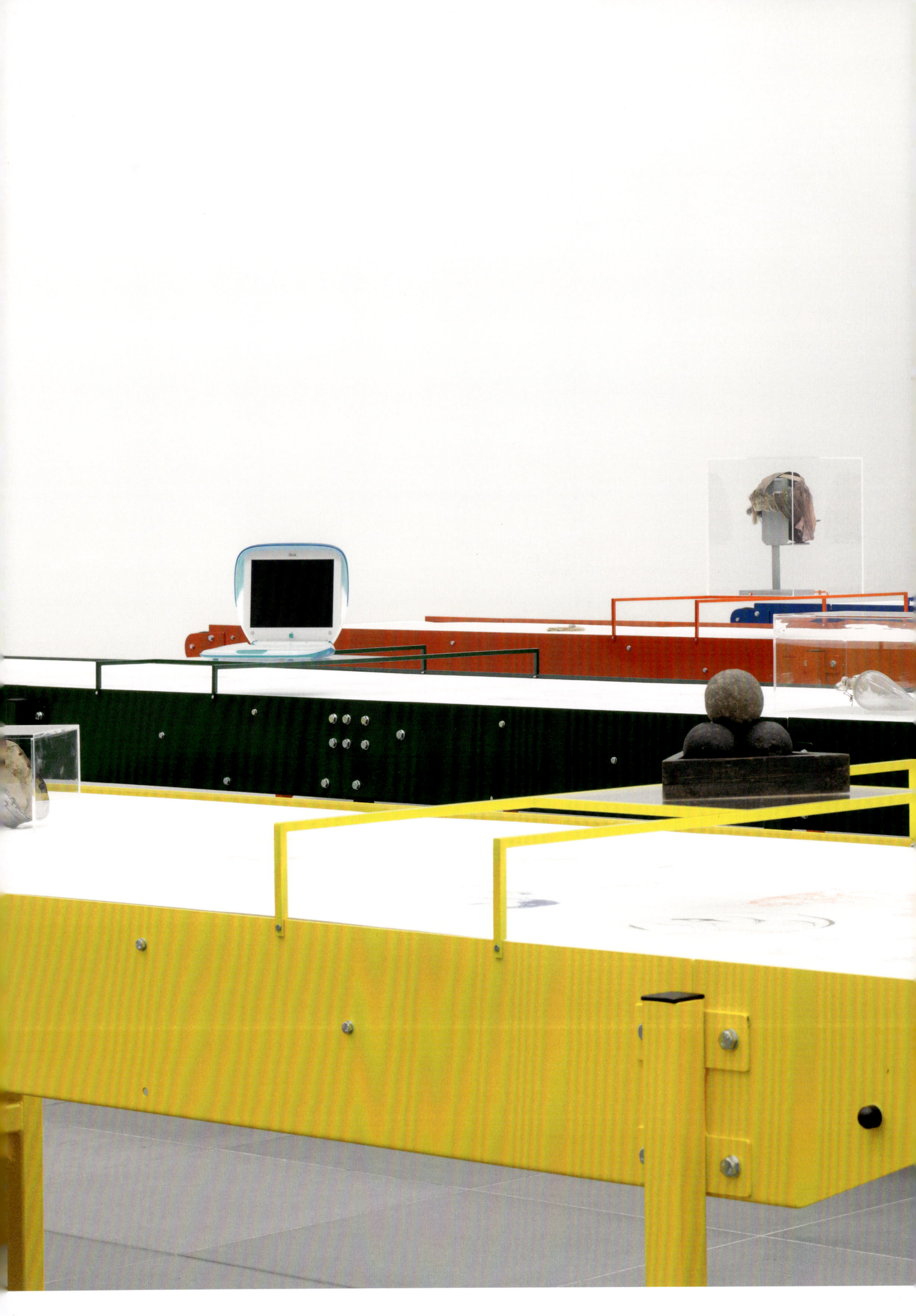

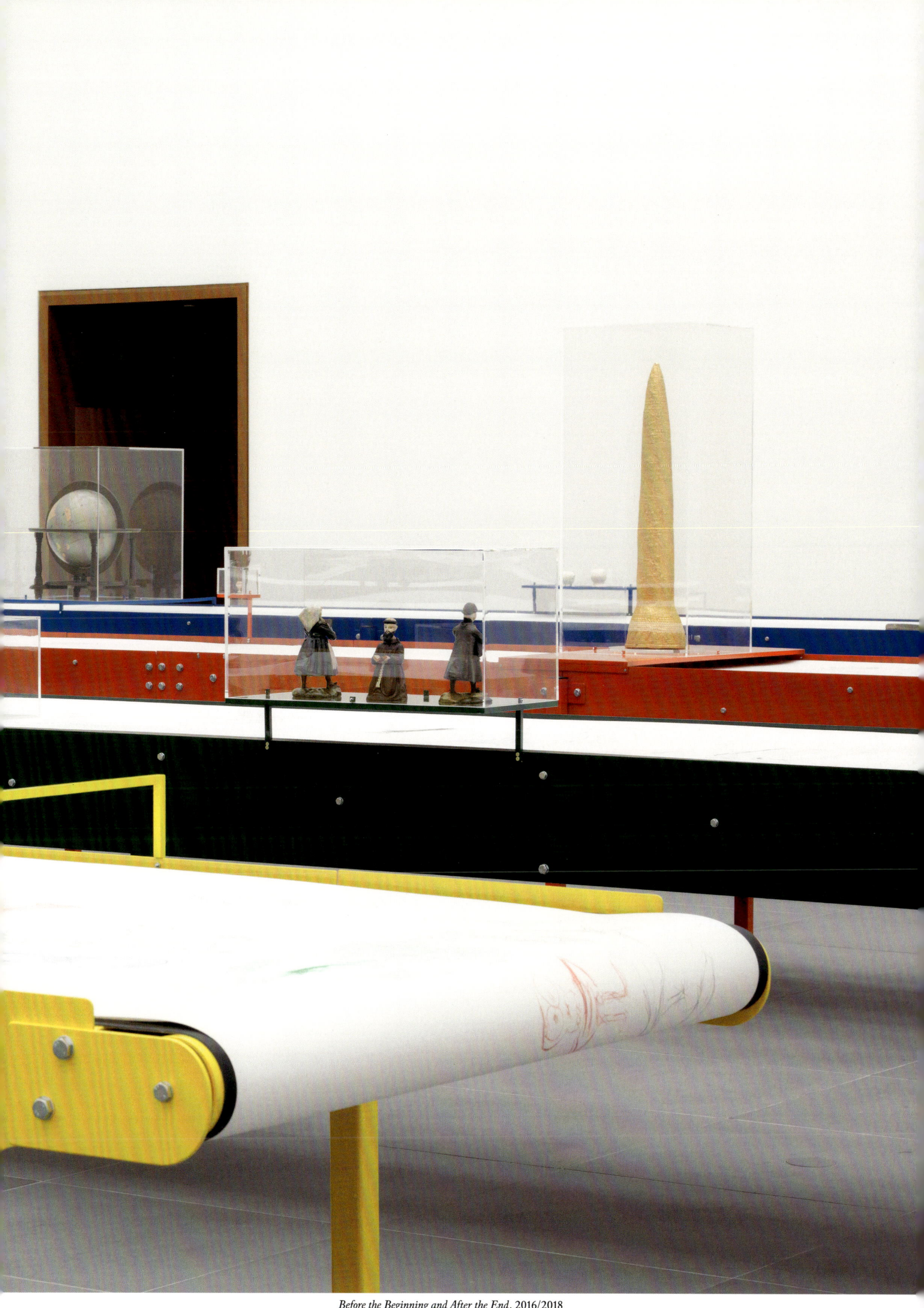

Before the Beginning and After the End, 2016/2018

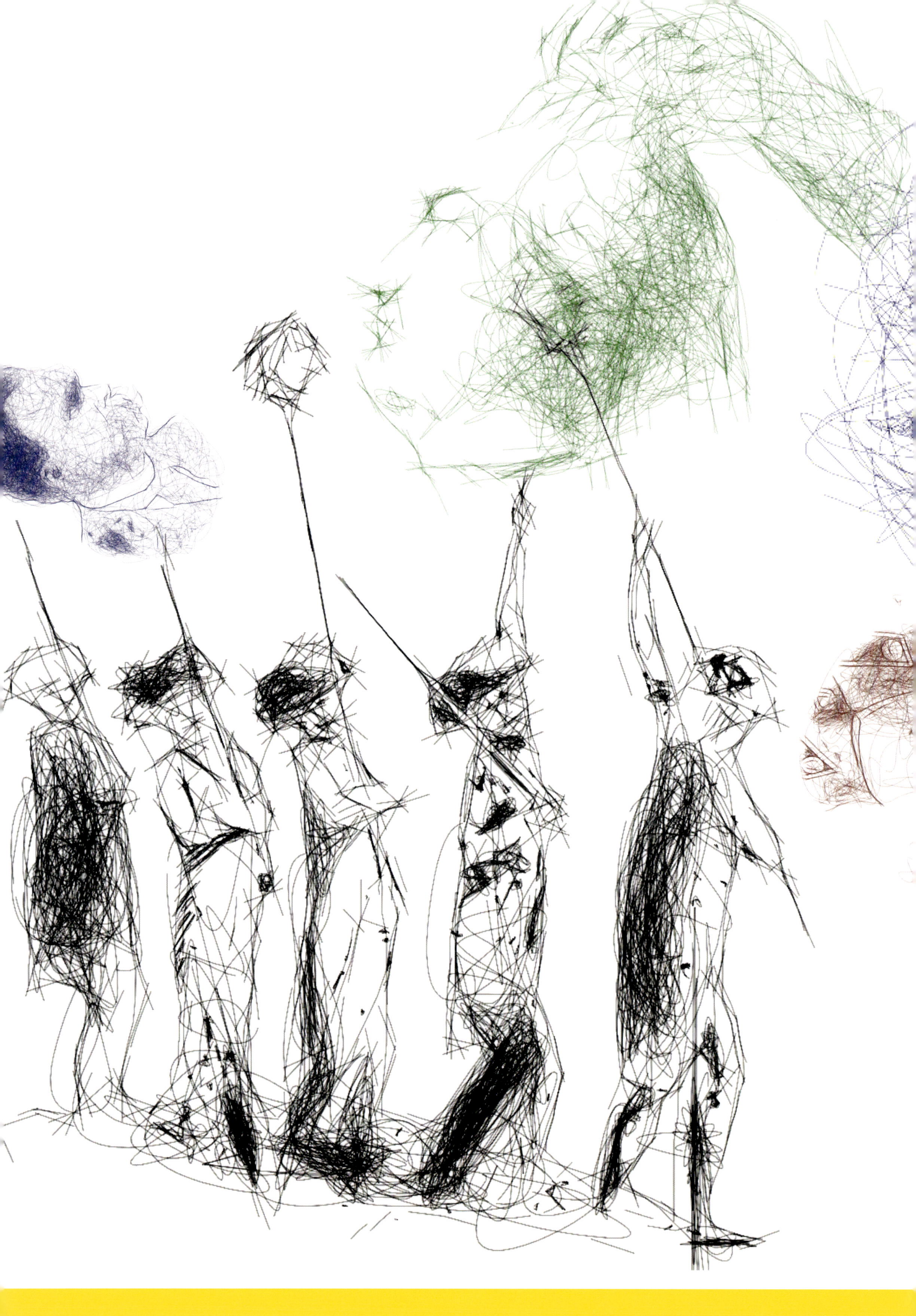

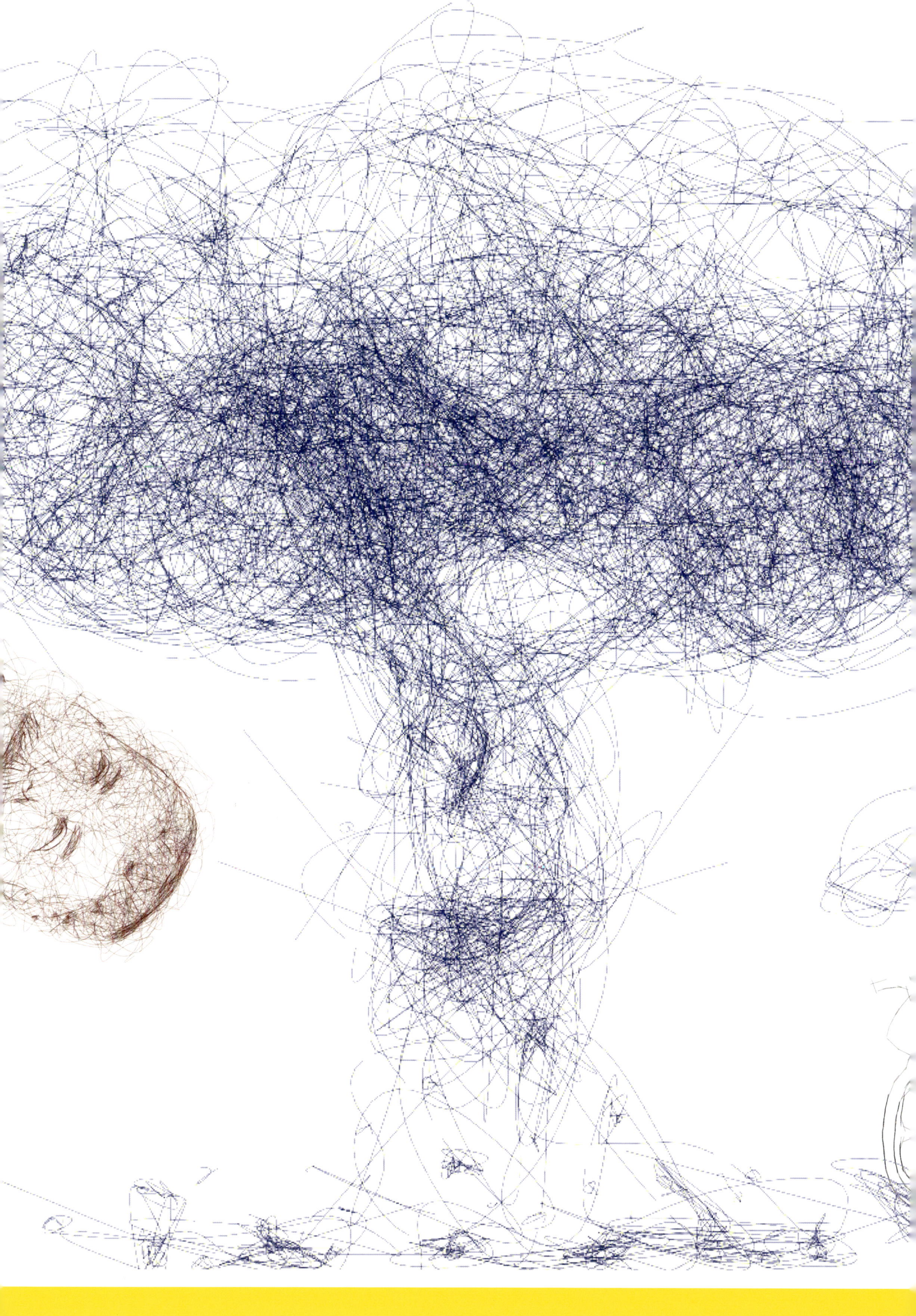

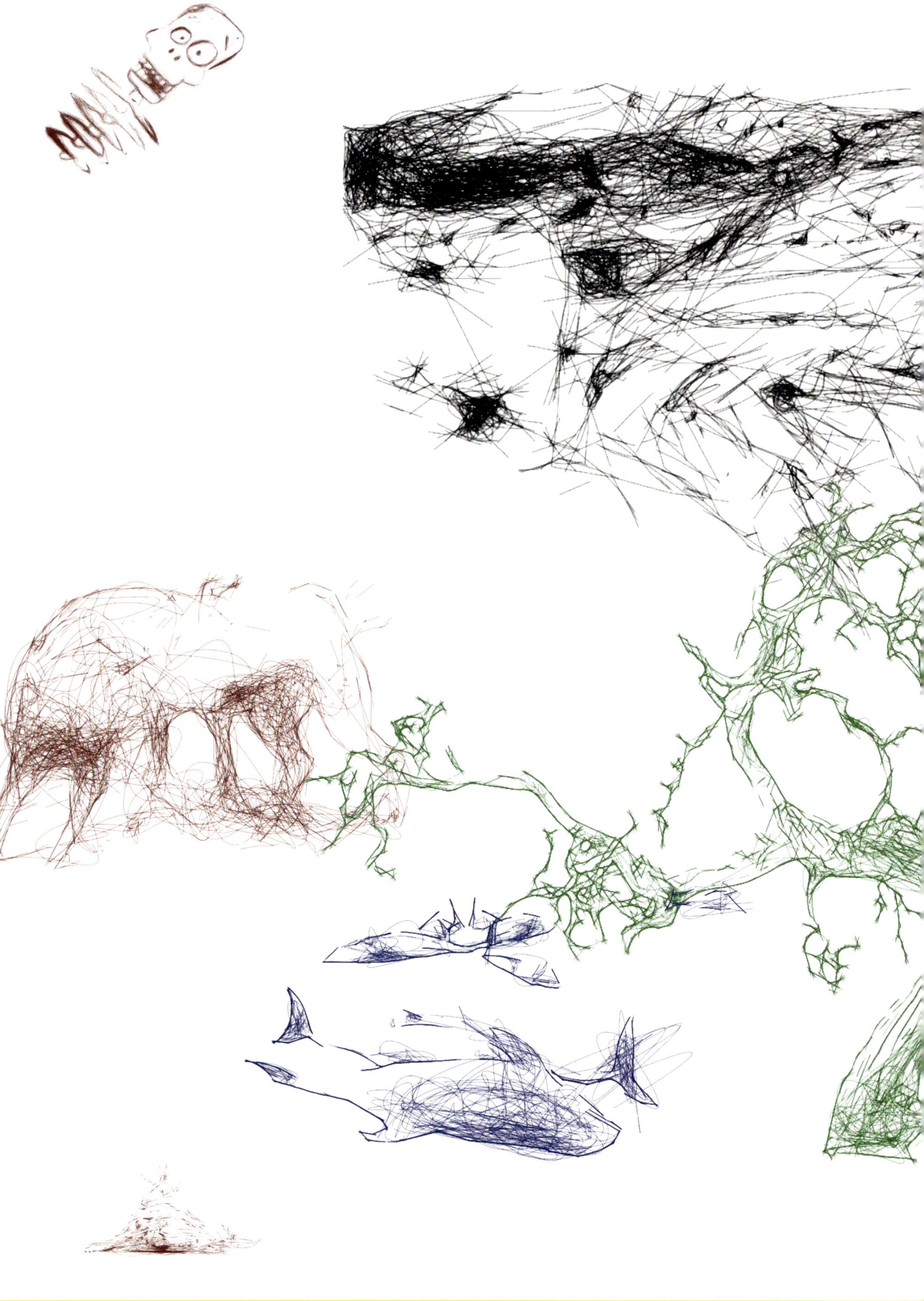

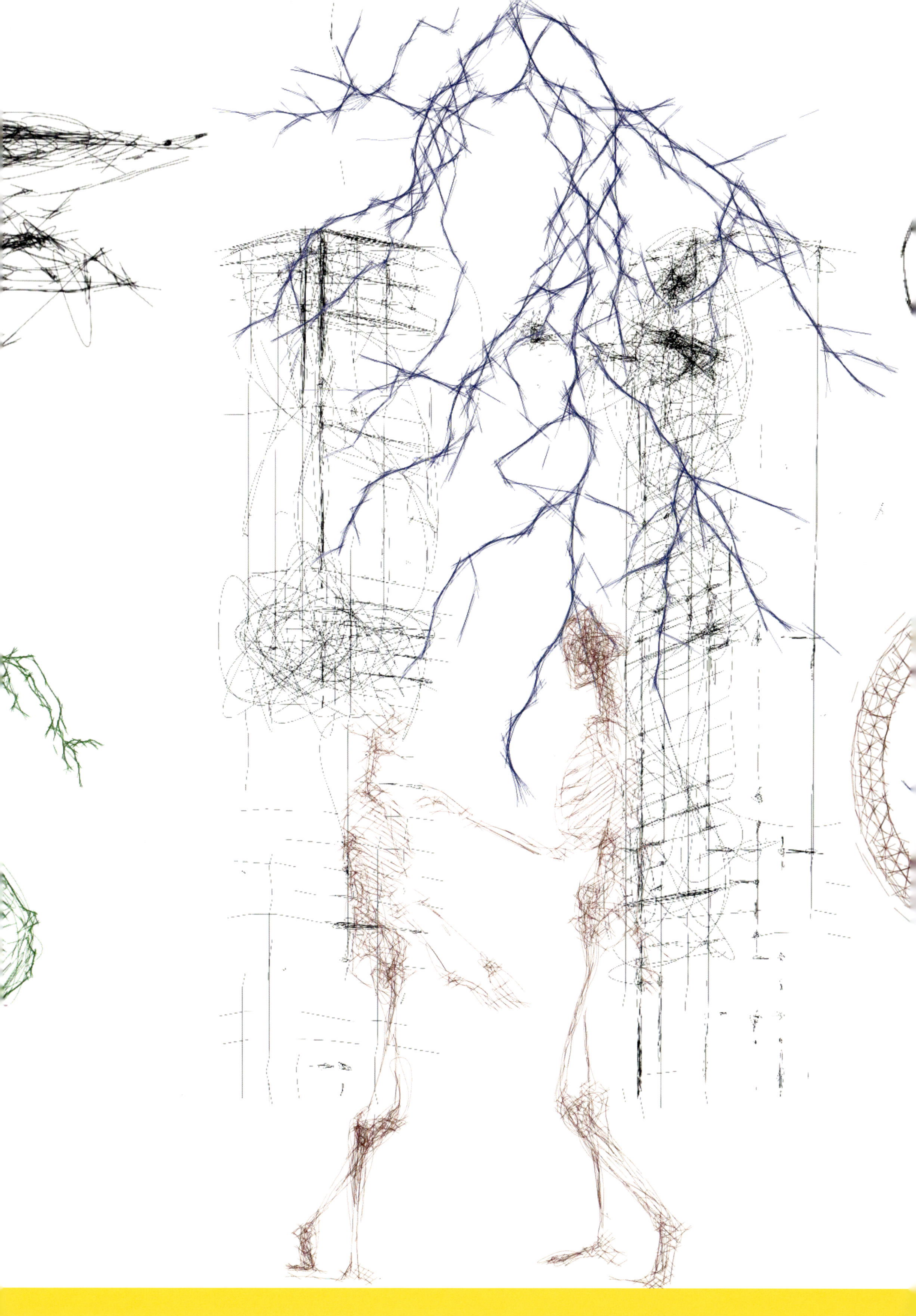

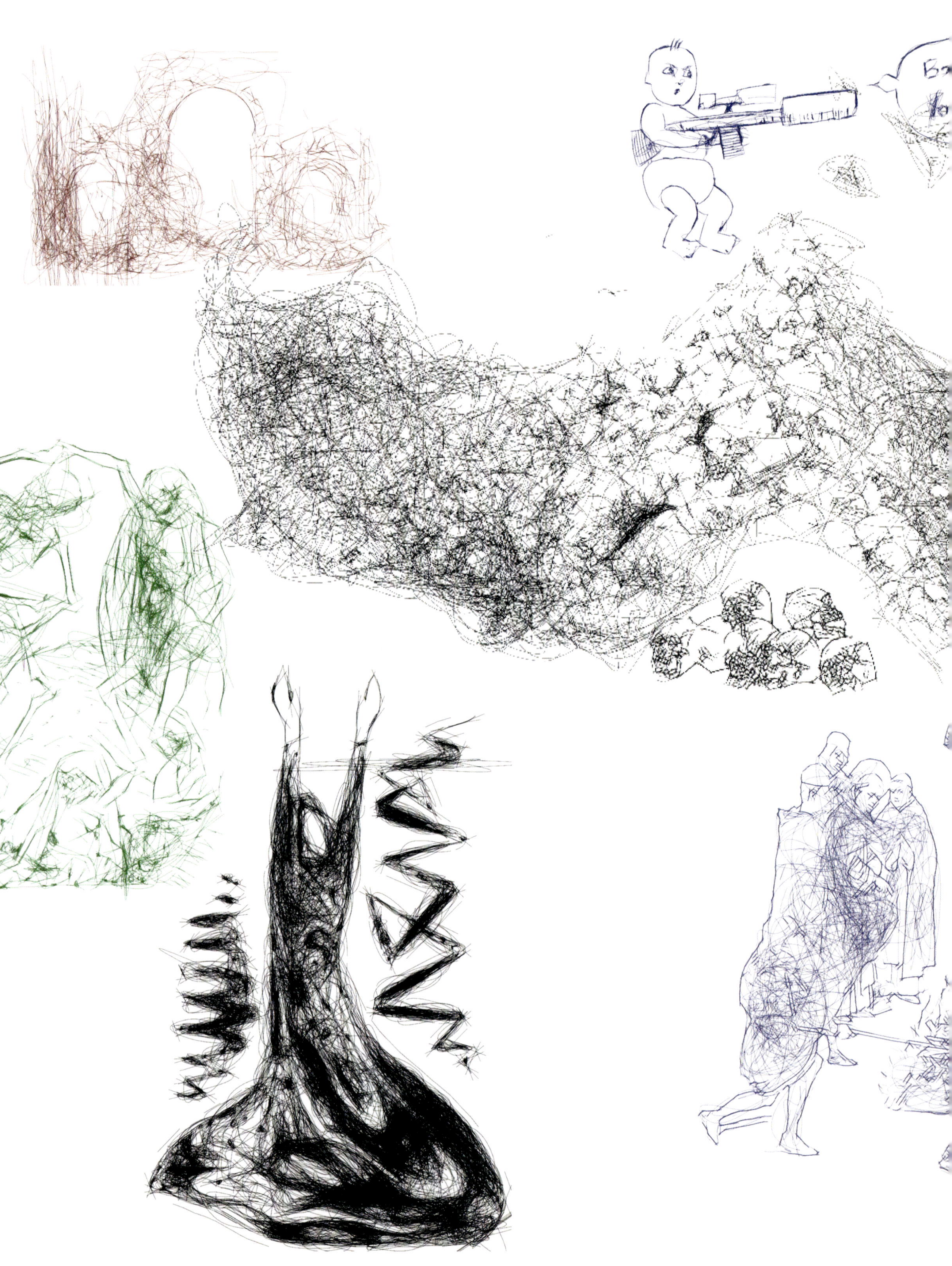

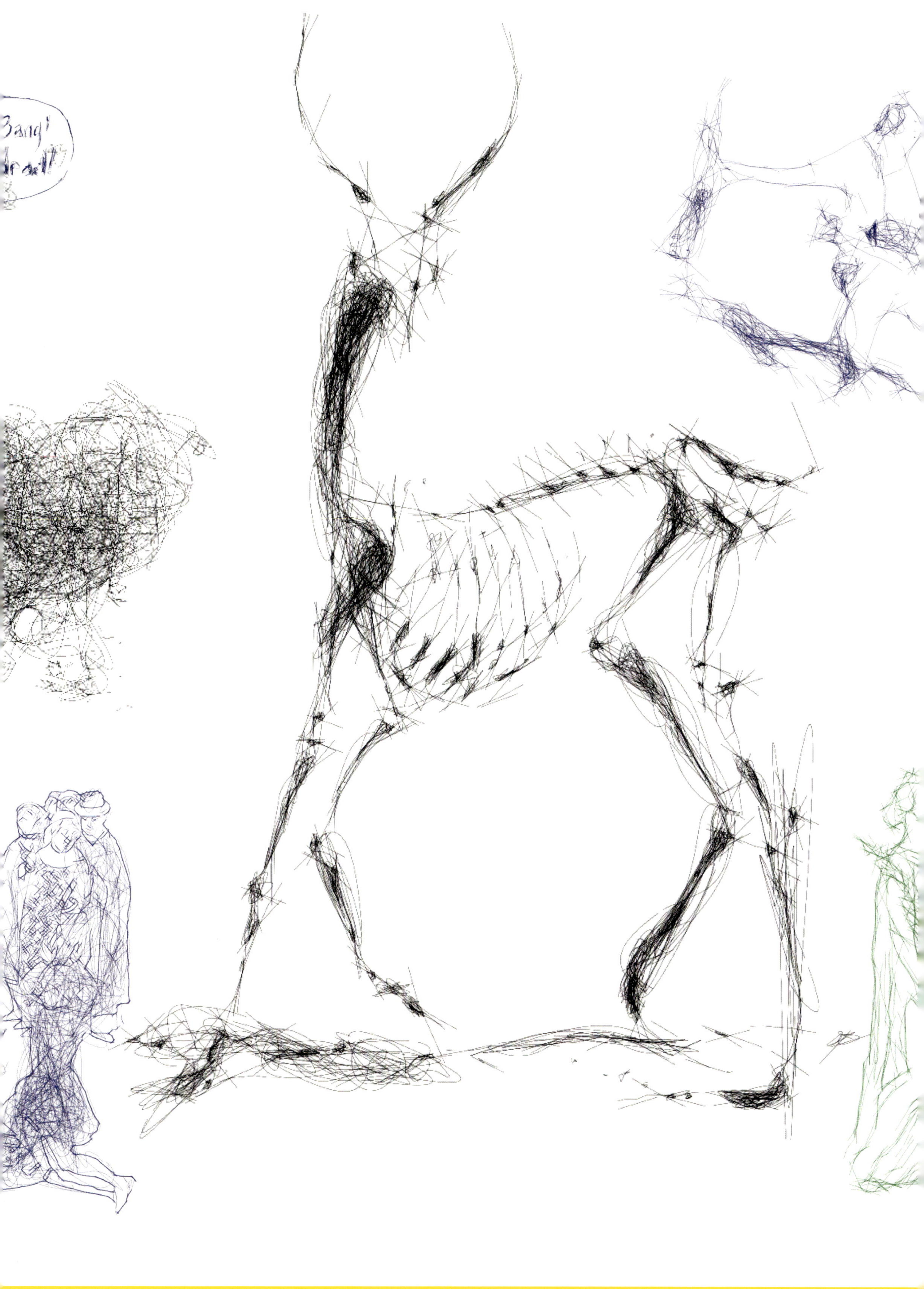

Bang!

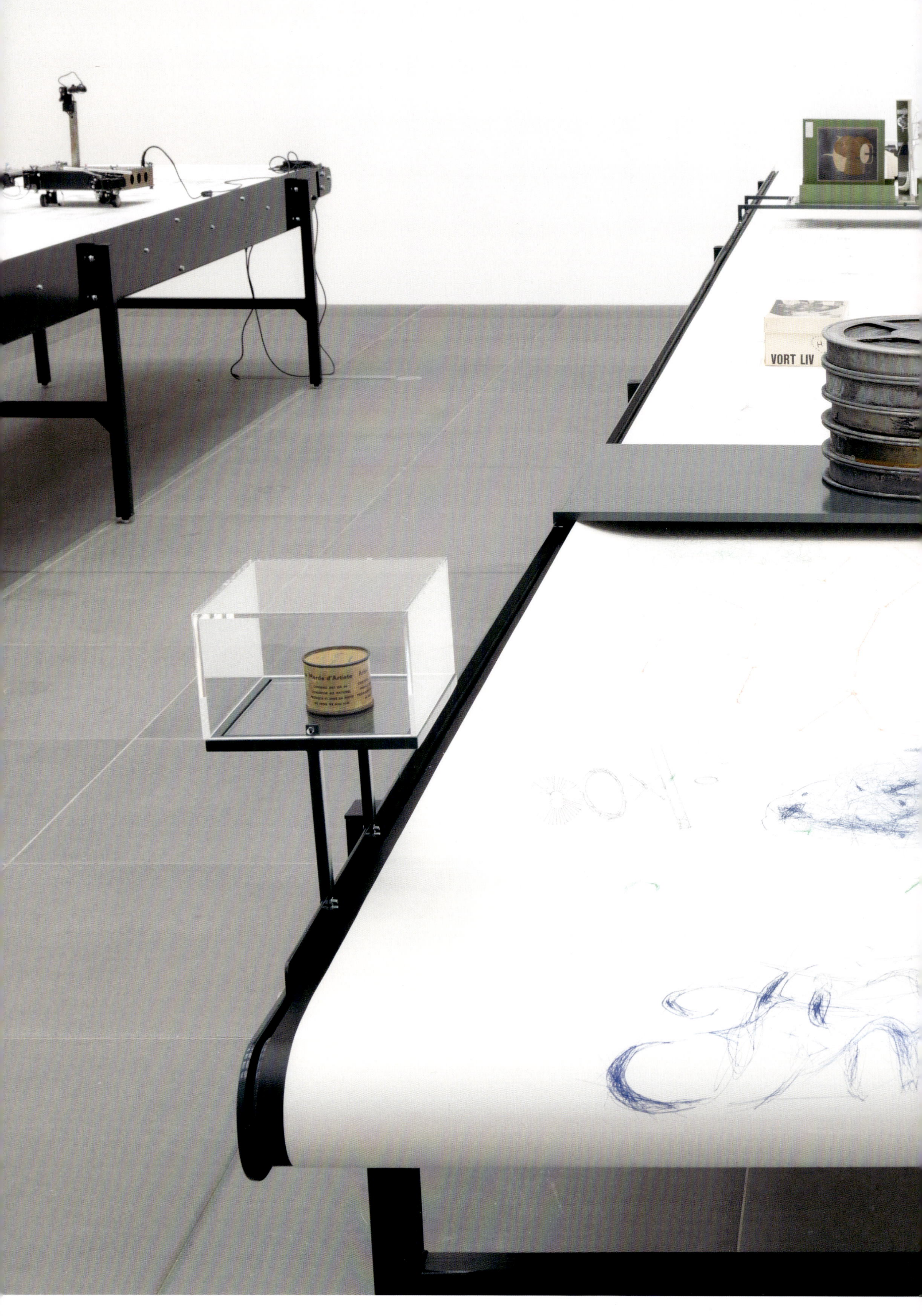

VORT LIV
Merde d'Artiste

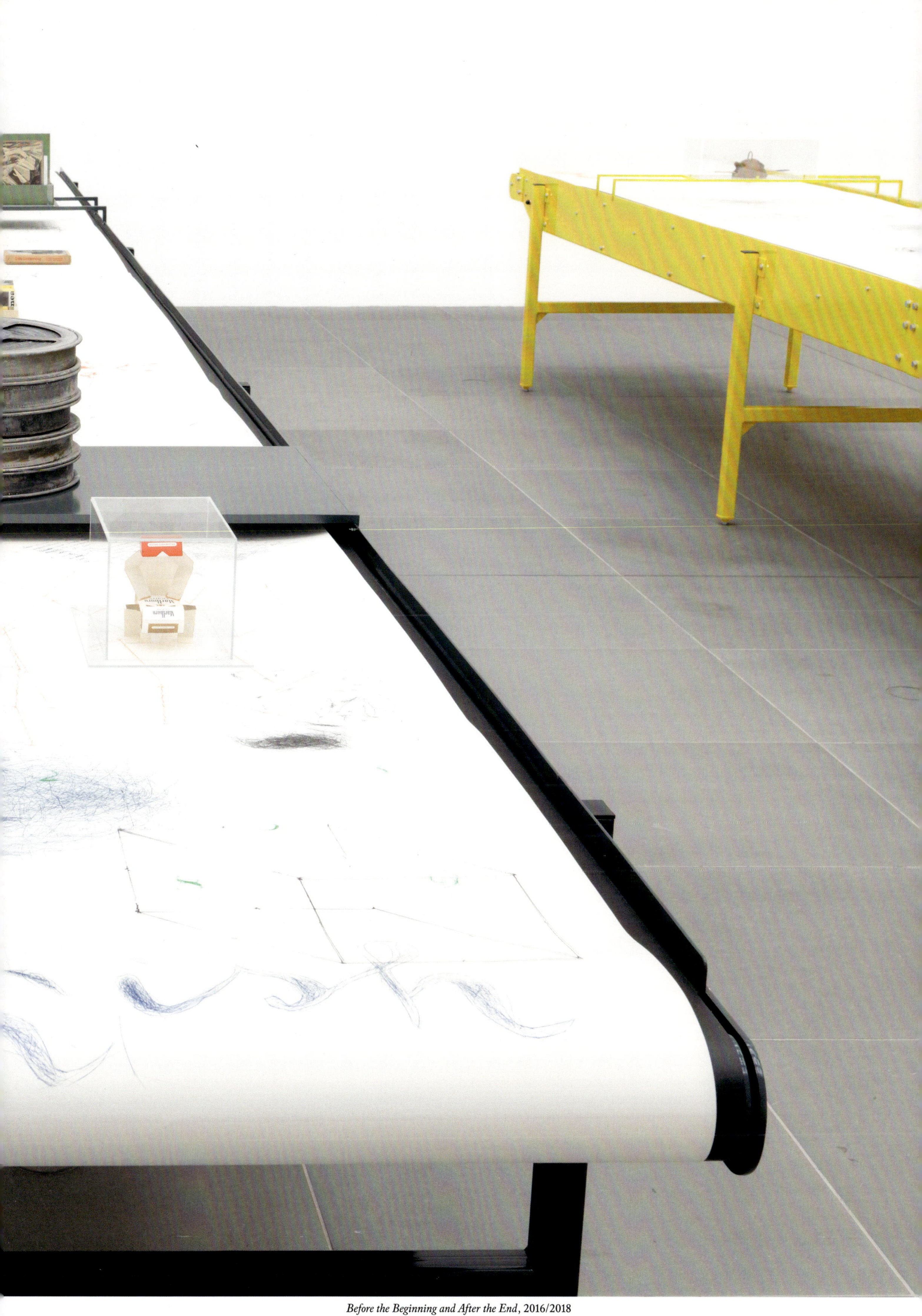

Before the Beginning and After the End, 2016/2018

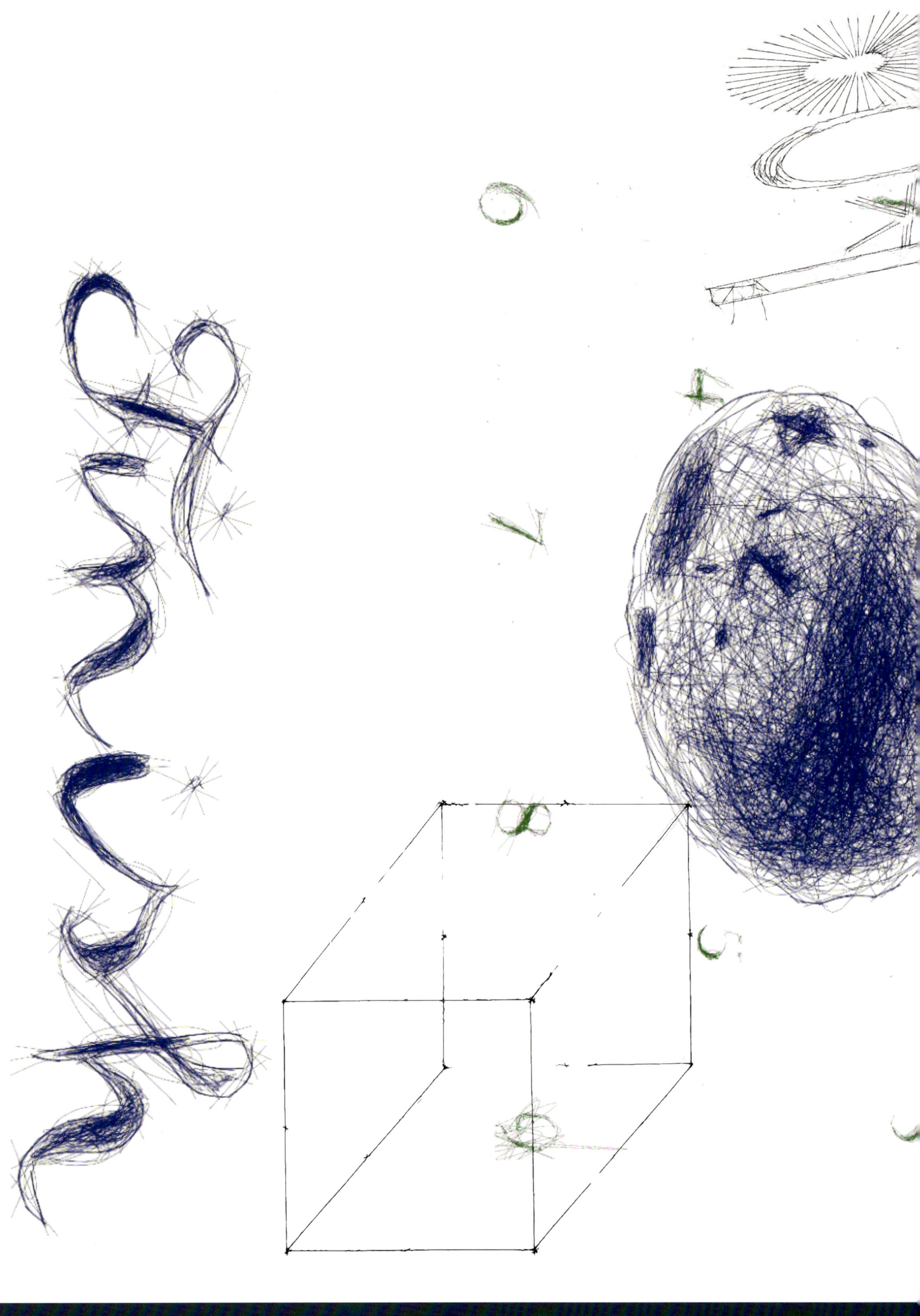

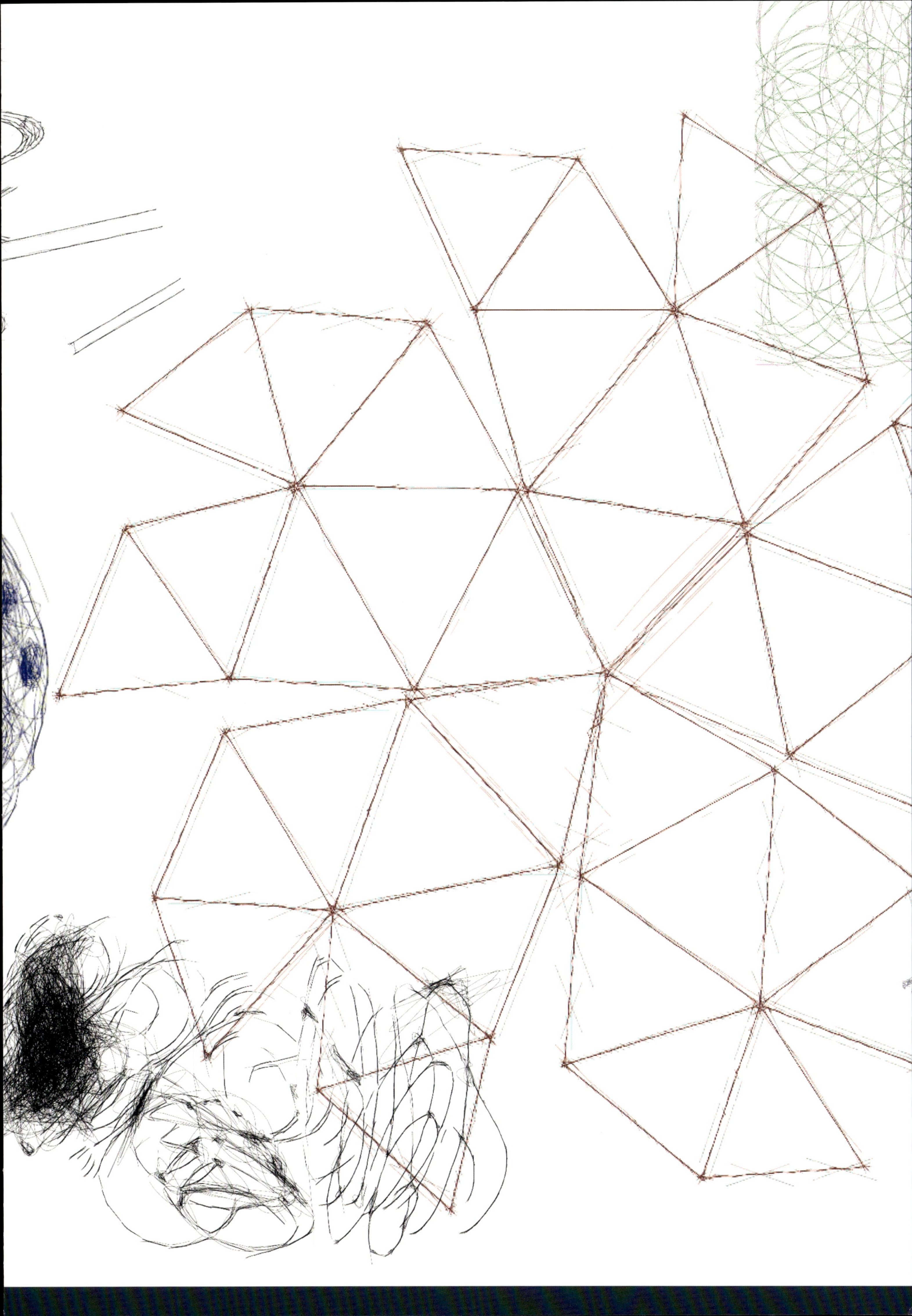

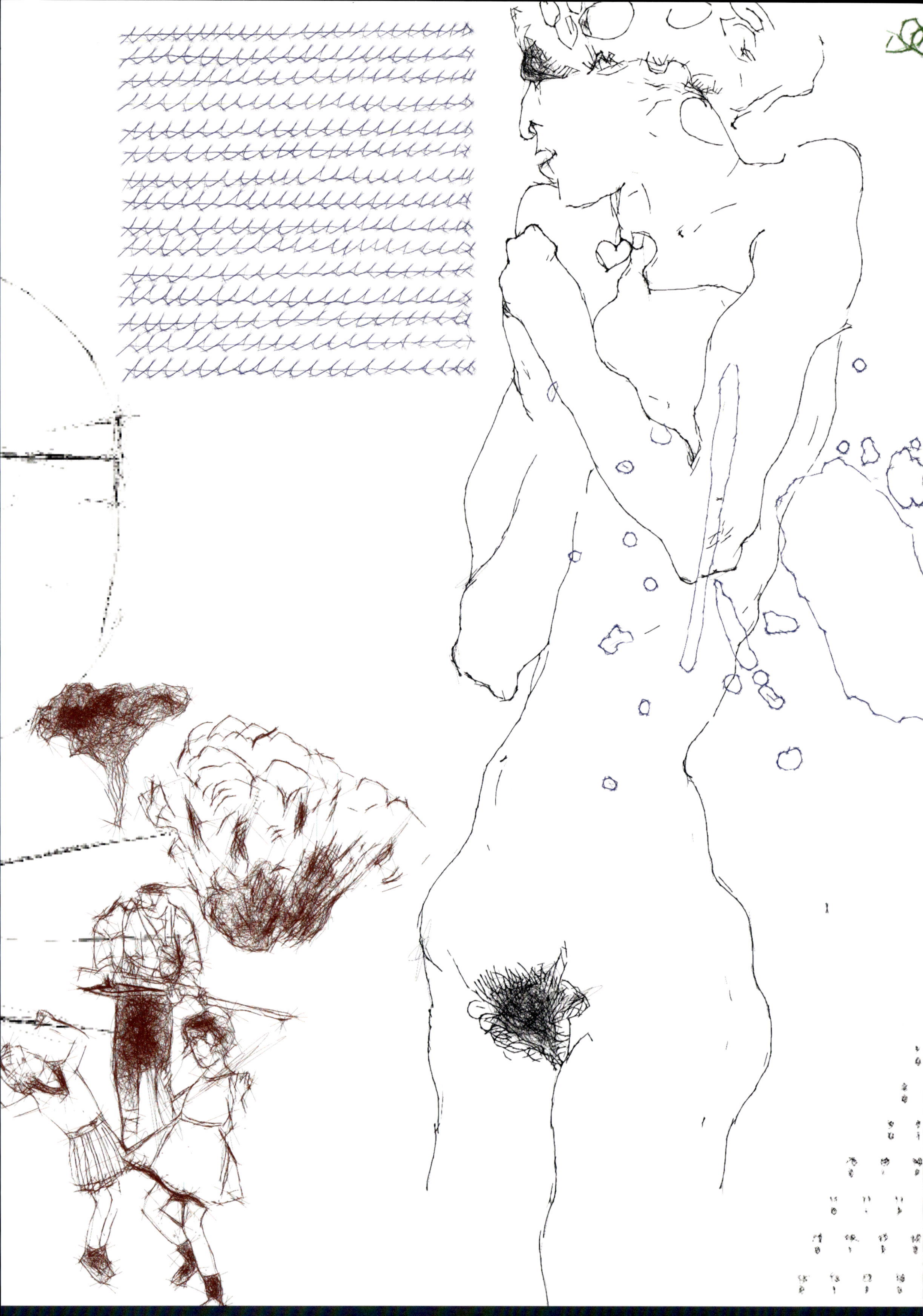

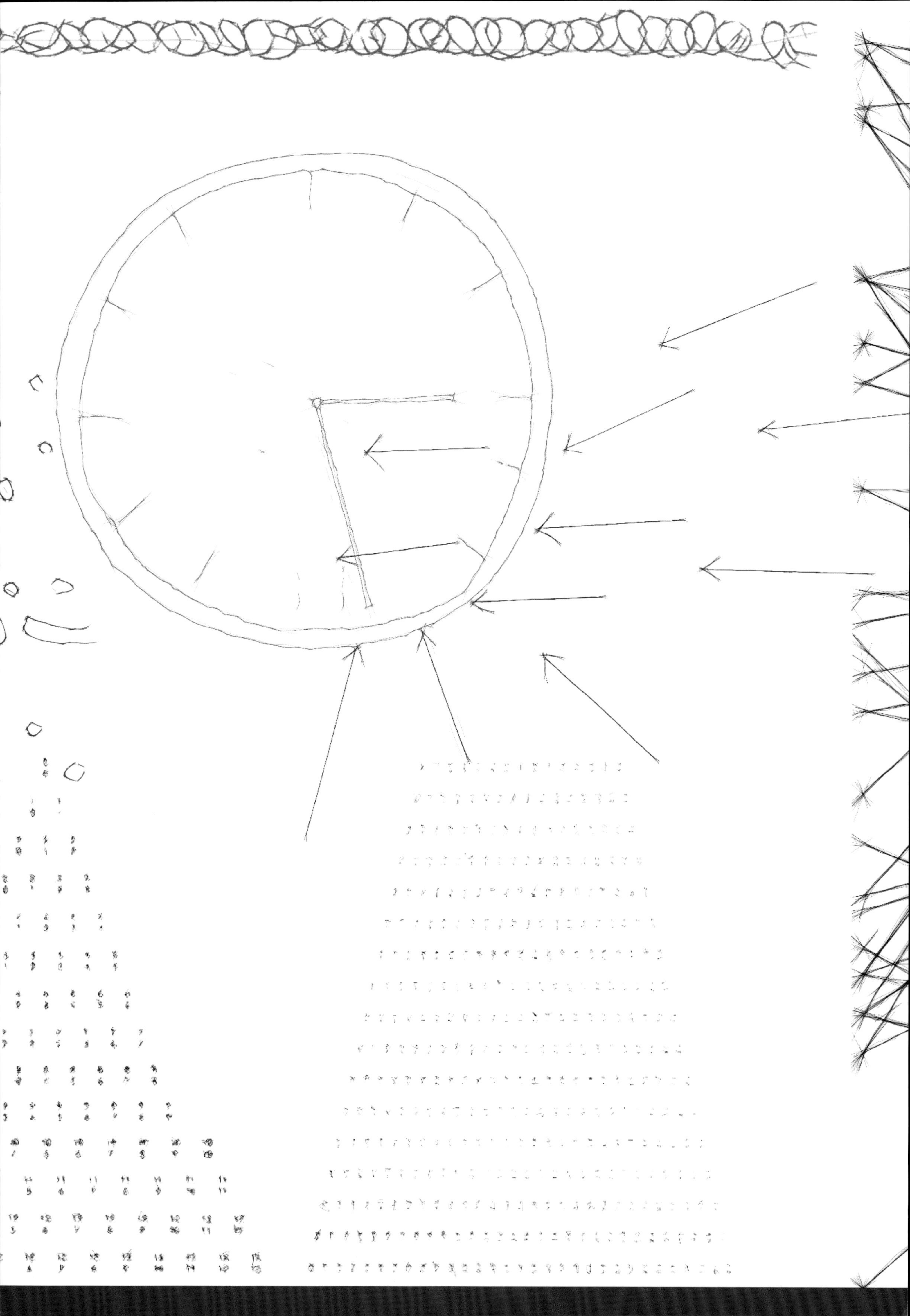

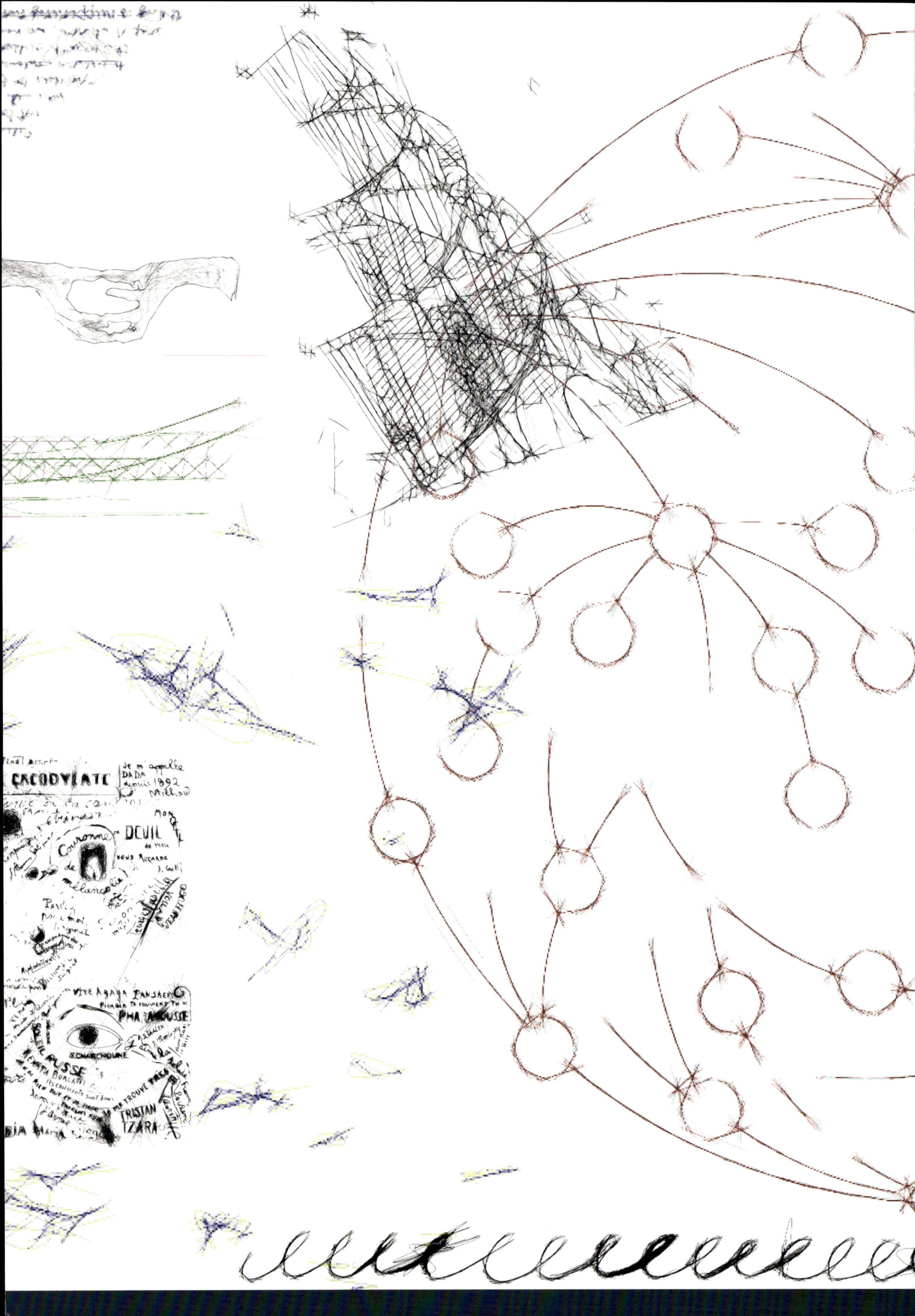

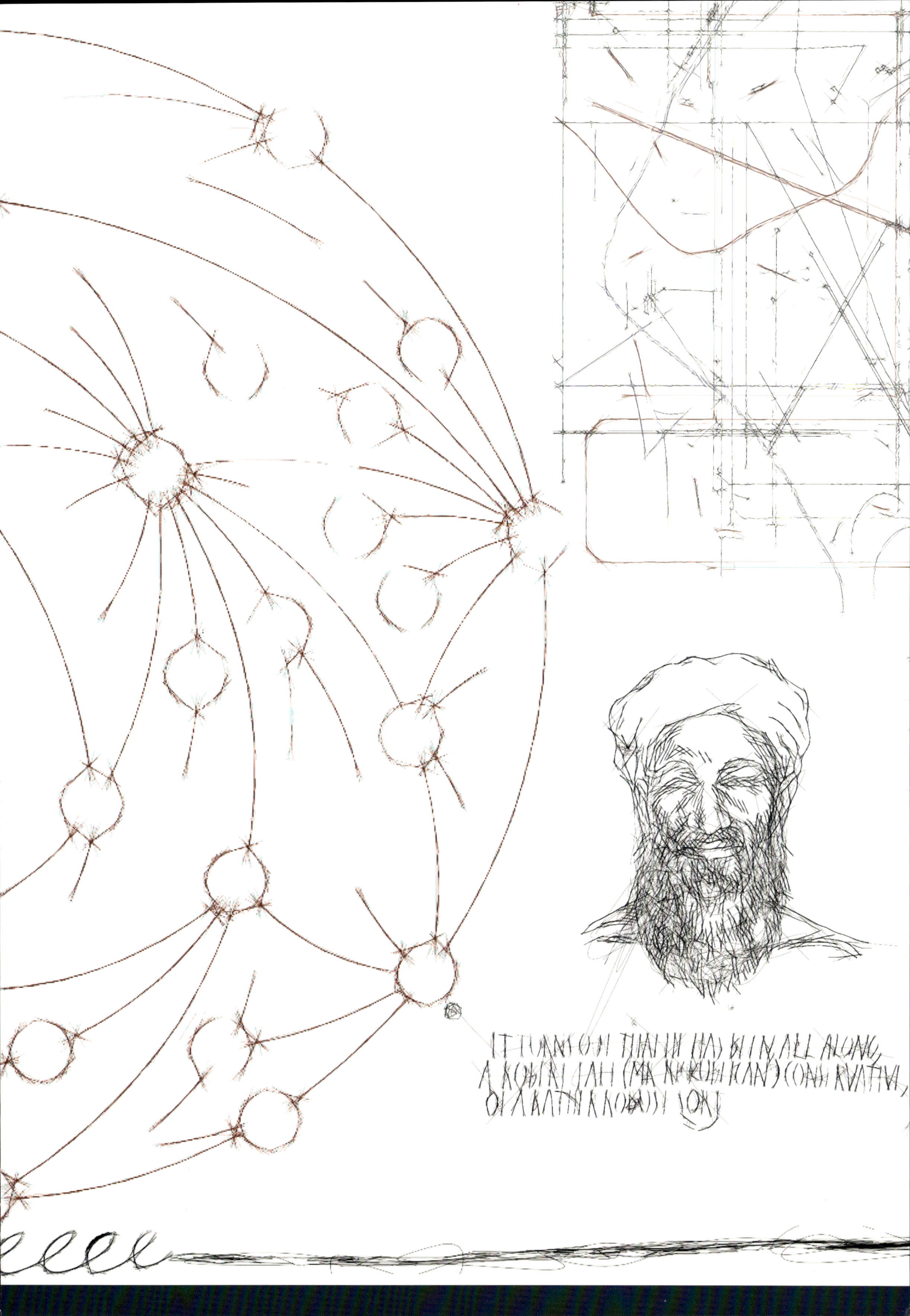

Patrick Tresset, *Drawing Robots (Robots of Paul A series)*, 2016/2018

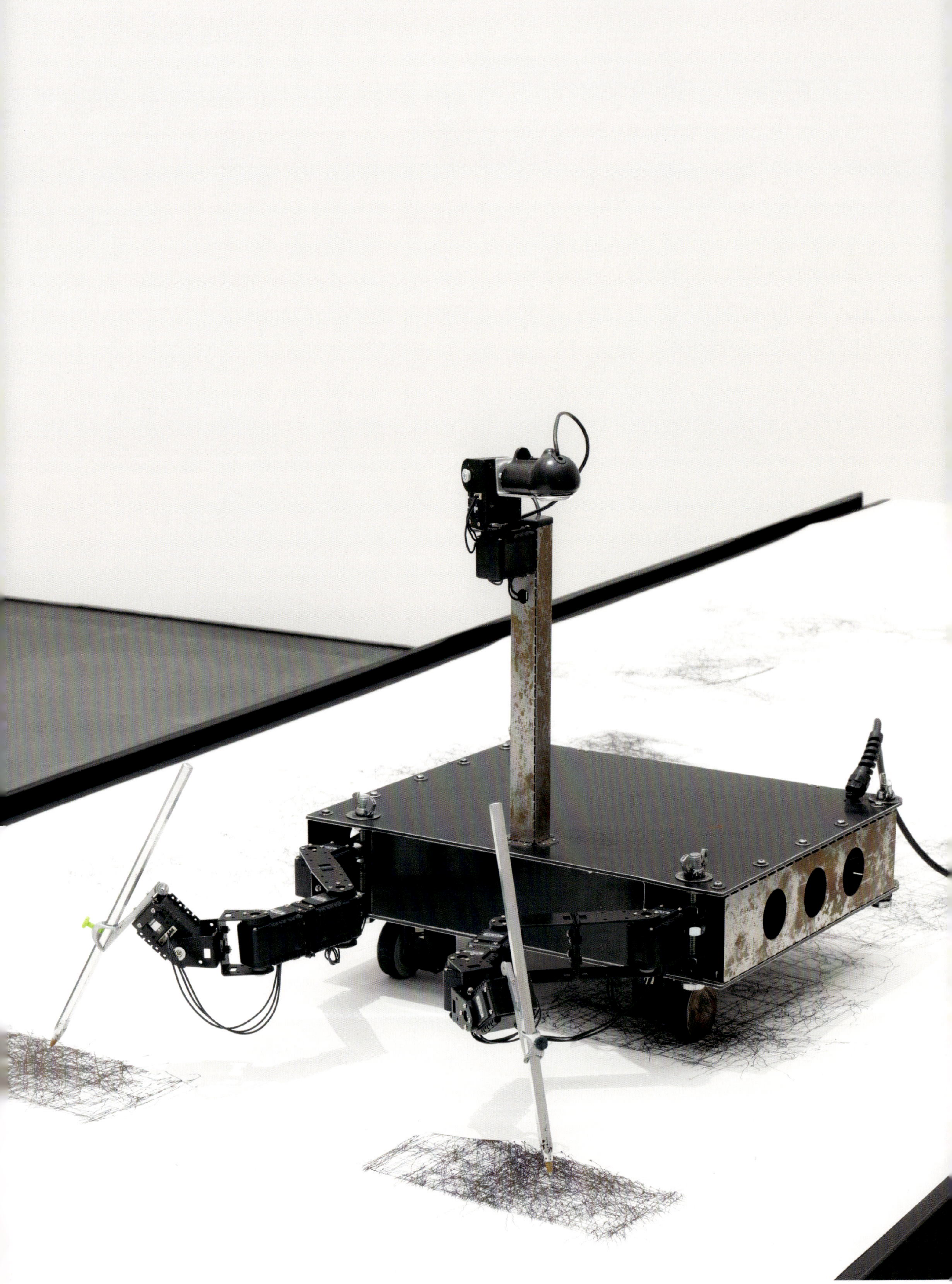

Before the Beginning and After the End, 2016/2018

Daniel Hess, *Museum Metamorphoses or the Perilous Glance Back*

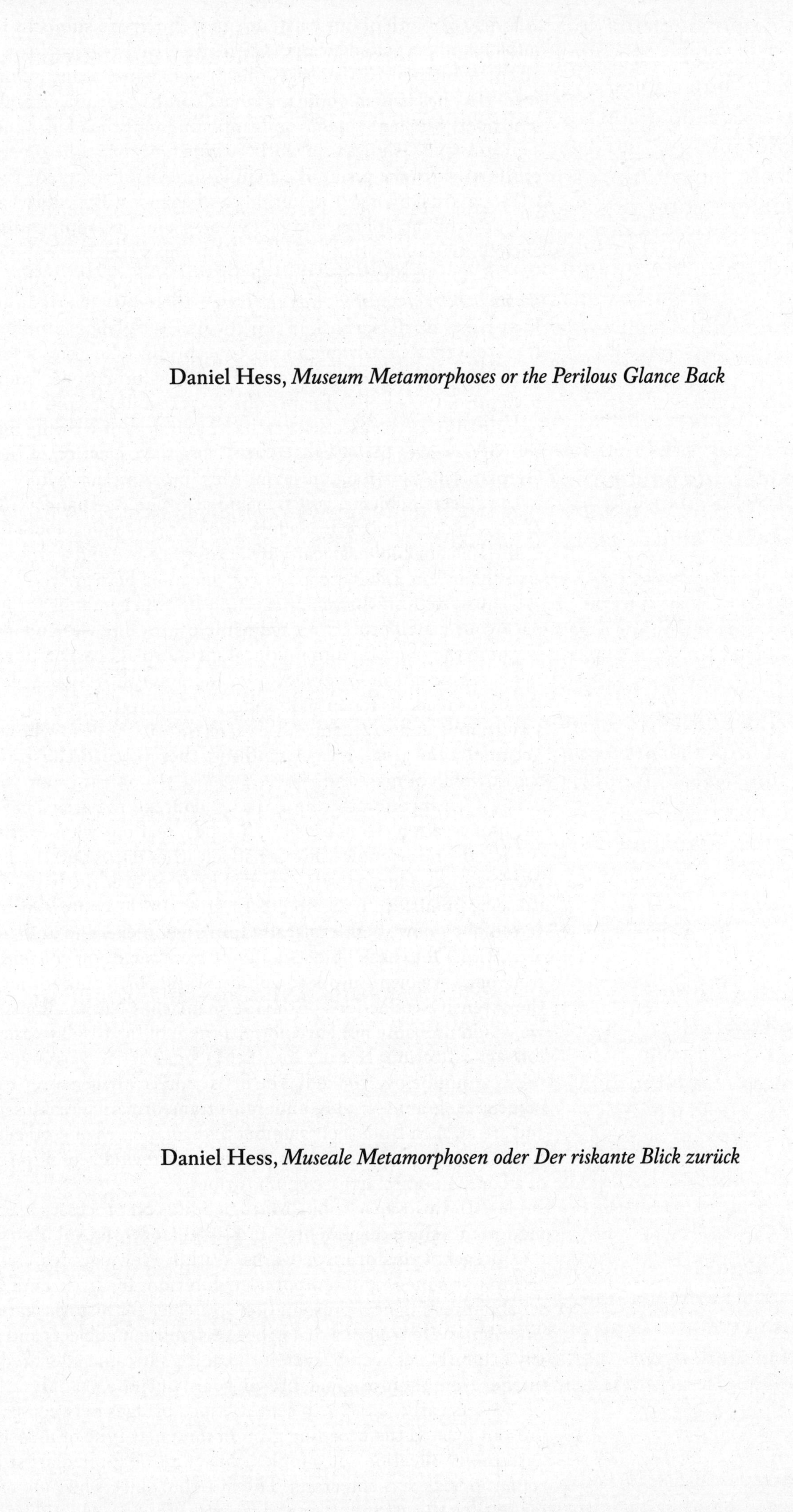

Daniel Hess, *Museale Metamorphosen oder Der riskante Blick zurück*

It is a basic truth of our existence that things are subject to transformation and perpetual change. Ovid's *Metamorphoses*, written shortly after the birth of Christ, casts this principle in a beautiful literary form that has had an enduring impact on European cultural history. The poet, who had fallen from Emperor Augustus's favor and was sent into exile, shows us a world in constant flux. The present state of the world is the result of a coming-into-being, marked, as Ovid's title suggests, by many mutations and changes. By interweaving the real and the metaphorical, Ovid creates a unique compendium of ancient mythology that has inspired art up to the present day.

Goshka Macuga's installation with the programmatic title *Before the Beginning and After the End* is rooted in this tradition. However, her glance back in time begins as a glance into the future: It is from there, according to her concept, that she gazes upon the past, upon the world's and humanity's transformations, from origin to demise. On scrolls of paper she stages an illustrated history of humanity with gestural sketches and blocks of writing, into which she then weaves historical artifacts from the collection of the Germanisches Nationalmuseum. This imparts a new symbolic charge to the selected objects, which include a Stone Age hand ax, a copy of the Golden Cone of Ezelsdorf-Buch, an anatomical model, a replica of the Behaim Globe, an early modern iron glove and a pipette from an alchemy lab. Likewise given new meaning here are the emblematically abstract iron votive animals, offerings in symbolic form that once vouchsafed protection against livestock diseases and epidemics. Yet here they mutate into mythical, primordial beasts that appear to possess magical powers. Similar metamorphoses take place with the heads made as fertility offerings, which, in the drawings on the scrolls, morph into Adam and Eve, or the quaint head whose tongue becomes a burning piece of kindling, thereby co-orchestrating the downfall of mankind.

Arranged in this new artistic context, the artifacts recall cultural creations from outside Europe, creations whose formal reduction and primeval power had a lasting impact on the European Modern Age. Thus, viewing habits practiced over the past century cause us to mislocate the objects' origins. In the context of Macuga's scrolls they now seem exotically foreign and exert an archaic attraction. Yet these objects hail not from far-flung continents but from our very own European culture. While browsing through the extensive collections of the Germanisches Nationalmuseum, we would probably not have noticed them in the display cases of the folk art collection. But in Goshka Macuga's artistic arrangement they cannot be overlooked. The artist adds a new chapter to these objects' biographies: they undergo a transformative reassessment and are awoken from their slumber in display cases or storage, plucked from the usual frame of interpretation, and revitalized in the context of a contemporary artistic composition.

In this way, Goshka Macuga builds on processes used in modern art since documenta 1 in Kassel (1955) to explore new ways of approaching historical artworks. Within a few decades, this gave rise to permanent and temporary exhibitions by artist-curators who set about testing new presentation strategies for historical artifacts. The aim was to trigger a dialog between museum objects and present-day exhibition concepts, even if the objects became alienated still further from their original, pre-museum purpose.

As early as the 19th century, such bridges between past and present formed the breeding ground for a new type of museum: with their collections of samples, museums of applied art stimulated contemporary arts and crafts. The museum objects became teaching models for the art industry and, as part of the World's Fairs, set